本书为湖北省社科基金一般项目（后期资助项目）
"向现代治理转型的中国——以精准扶贫为例"（2019007）的最终成果

迈向现代治理的中国

中国

以精准扶贫为例

THE ROAD TO
CHINA WITH
MODERN GOVERNANCE

TAKING TARGETED POVERTY ALLEVIATION
AS AN EXAMPLE

贺海波 著

社会科学文献出版社
SOCIAL SCIENCES ACADEMIC PRESS (CHINA)

序　言

扶贫研究，总是可以让人发掘和阐述令人耳目一新的具有高度启发性的理论思考。

众所周知，新中国几十年来的发展成就引起世人瞩目，大量学者也在探究其成功的奥秘。特别是改革开放以来，40余年的时间，8亿多人摆脱了贫困，中国为全世界反贫事业做出了巨大贡献。近两年因《中国如何跳出贫困陷阱》而蜚声中外的美国密歇根大学政治学者洪源远认为，中国扶贫成功的原因在于中国发展出了一套有适应力的治理机制，即制度与市场共同作用共同演进：先以现有的制度资源启动市场，然后在市场成长中推进制度的完善，最后以不断完善的制度来维护市场。这一理论是对以往学界固有的治理与发展间两种单向关系的挑战。

自2012年以来，中国继续推进反贫事业，精准扶贫在全国各地特别是在农村正在如火如荼地开展，成为各级政府的一项重要工作。与此同时，国家也提出了完善和发展中国特色社会主义制度，推进国家治理体系和治理能力现代化的全面深化改革的总目标。精准扶贫和国家治理两者之间也就具有了某种紧密的内在联系。贺海波的这本新作和洪源远的上述作品有着某种联系，都在探讨扶贫与治理的内在关系。不同于洪源远提出一种创新性的理论，贺海波着眼于以精准扶贫为切口，分析国家和社会在走向现代治理过程中的现实条件和矛盾关系。

作者花费大量精力和心血研究了产业扶贫、亲属社会、贫困文化和基层治理这四个维度，为我们认识基层的精准扶贫提供了丰富的素材。其行文中既有对扶贫的诸多理论的梳理，又提供了许多有启发性的对策思考。例如，他认为国家治理现代化不仅要强化社会参与，还要建设一个真正意义上的现代政府，特别是要关注公务员的态度、能力和水平；在乡镇以下进行精准扶贫并不完全是进行精准治理，而是要给模糊治理留下空间。

国家在扶贫上可以找到合作的社会力量吗？作者最后提出的问题既是深刻的，也是委婉的。精准扶贫把大量的资源投向农村，特别是在集中连片贫困地区。但受制于扶贫地区特定的经济、社会和文化条件，国家不得不强势介入资源的使用过程。国家的企图和现实发展趋势有所悖离，这一研究体悟在行文中偶有表述，既体现了作者作为学者的担当，又引导我们继续深入思考我们国家的治理工作。

我们的国家治理现代化究竟应该如何实现？本书对精准扶贫真实场景的调研和分析会让每一个阅读完此书的人掩卷沉思。

包雅钧

2020 年 2 月 23 日

目　录

一　导　论

（一）引言

党的十八届三中全会提出，要"完善和发展中国特色社会主义制度，推进国家治理体系和治理能力现代化"，并将此作为新时期全面深化改革的总目标，国家治理现代化成为新时期国家部署实施的"第五个现代化"。当下国家提出治理现代化的历史任务，是建立在我国现阶段经济社会发展的状况和治理发展的中国经验与世界经验的基础之上的。

国家统计局 2019 年 2 月 28 日发布的《中华人民共和国2018 年国民经济和社会发展统计公报》指出，全年国内生产总值达 90.03 万亿元，比上年增长 6.6%。其中，第一产业增加值为 6.47 万亿元，增长 3.5%；第二产业增加值为 36.60 万亿元，增长 5.8%；第三产业增加值为 46.96 万亿元，增长 7.6%。第一产业增加值占国内生产总值的比重为 7.2%，第二产业增加值比重为 40.7%，第三产业增加值比重为 52.2%。全年最终消费支出对国内生产总值增长的贡献率为 76.2%，资本形成总额的贡献率为 32.4%，货物和服务净出口的贡献率为 -8.6%。人均国内生产总值为 6.46 万元，比上年增长 6.1%。国民总收入为89.69 万亿元，比上年增长 6.5%。

改革开放已历经四十余年，中国经济发展和社会改善成就举世瞩目，自 2010 年以来中国就升居世界第二大经济体。2017 年底召开的中央经济工作会议指出，中国经济发展进入了新时代，基本特征就是由高速增长阶段转向高质量发展阶段。高质量发展的内涵包括经济发展要持续健康而非追求过快速度、社会民生要有持续明显改善、生态文明建设要迈向优质化等。高质量的经济发展也是为了解决十九大报告提出的新时代我国社会主要矛盾——人民日益增长的美好生活需要和不平衡不充分的发展之间的矛盾。高质量发展需要不断地进行经济转型与结构调整，强调要发展壮大新动能，做大做强新兴产业集群。实施大数据发展行动，加强新一代人工智能研发应用，发展智能产业，拓展智能生活；同时加快制造强国建设，推动集成电路、第五代移动通信、飞机发动机、新能源汽车、新材料等产业发展，实施重大短板装备专项工程，发展工业互联网平台。①

国家统计局 2019 年 2 月 28 日发布的《中华人民共和国 2018 年国民经济和社会发展统计公报》指出，2018 年末全国大陆总人口为 139538 万人，比上年末增加 530 万人，其中城镇常住人口 83137 万人，占总人口比重（常住人口城镇化率）为 59.58%，比上年末提高 1.06 个百分点。户籍人口城镇化率为 43.37%，比上年末提高 1.02 个百分点。全年出生人口为 1523 万人，出生率为 10.94‰；死亡人口为 993 万人，死亡率为 7.13‰；自然增长率为 3.81‰。全国人户分离的人口为 2.86 亿人，其中流动人口为 2.41 亿人。全国农民工总量为 28836 万人，比上年增长 0.6%。其中，外出农民工为 17266 万人，增长 0.5%；本地农民工为 11570 万人，增长 0.9%。改革开放以来，

---

① 《中国经济迈向高质量发展阶段》，新浪财经，2018 年 3 月 5 日，http://finance. sina. com. cn/roll/2018 - 03 - 05/doc - ifyrzinh3802781. shtml。

户籍限制不断弱化，流动性不断加大，城镇化率不断提高，城市与乡村的空间区隔不断被打破。中国人从"单位人"向"社会人"转型，其生存状态已发生根本性改变，个体获得了越来越多的自主性。

在中国的社会转型中出现了两种鲜明的现象。一是出现了大量的社会问题。这些社会问题与其他国家相比，既有普遍相同的社会问题，如家庭问题、老龄化问题、青少年问题、犯罪问题、环境问题、贫富差距问题、失业问题、腐败问题、社会保障问题、住房问题等，也有具有中国特殊性的社会问题，如民族问题、农民工问题、城乡问题、独生子女问题等。无论是普遍性的社会问题，还是具有特殊性的社会问题，都与中国社会转型这一重大社会变迁趋势相关。① 二是公众参与治理的意愿与能力存在很大差距。伴随着经济社会的发展与改革，公众参与社会治理逐渐成为时代潮流。公众参与治理的意愿主要来自三个方面：国家对公众参与的重视②、公众社会权利意识不断增强③、网络信息技术的发展④。整体而言，改革开放以来，伴随着经济社会的发展，我国公民素质有了极大的提升，公众参与的能力也逐步提高。然而，由于合法性渠道不足、公民素质参

① 赵春盛、崔运武：《当前中国社会问题的政策生成及其反思》，《上海行政学院学报》2014 年第 5 期。
② 2004 年，党的十六届四中全会提出"党委领导、政府负责、社会协同、公众参与"，十八届三中全会在创新社会治理体制篇章中提出"鼓励和支持社会各方面参与，实现政府治理和社会自我调节、居民自治良性互动"，"激发社会组织活力"。
③ 公众希望通过选举或选择产生自己信任的"当家人"，希望通过民主的方式解决决策失误、分配不公、机会不均等人们普遍关注的问题，希望通过直接参与，实现主体地位，主张属于自己的权利。
④ 微博、微信、网络论坛、社交网站、网络通信、媒体视频、手机报刊、手机电视、数字电视、数字报纸等的快速发展，使得公众参与具有动员能力强、个性化、平民化等特点。

差不齐、政府公信力不足等原因，在现实中公众参与还是出现了许多"非理性"现象，呈现"感性"状态，导致社会参与低效甚至无效。[①]

经济社会的发展，必然要带来国家治理模式的变革。自新中国成立以来，根据阶段性的经济社会发展状况，国家曾采用全能主义等管理模式。但是当前经济社会条件已发生了深刻变化，我国已经建立起社会主义市场经济体系，并且经济发展到了由注重量到重视质的发展转型升级阶段；单位制已经转型为社区制，社会日益分化多元，社会成员的素质有了很大的提高，公众参与国家治理的愿望也日益强烈，公众参与治理的能力有待提升。所以旧的管理模式不再适应当前的经济社会发展状况，必须建立新的治理模式。国家提出的治理体系与治理能力现代化正是对当前经济社会发展阶段性特点的一种及时与正确的回应。

改革开放四十多年来，我国经历了一个快速增长期，成为世界第二大经济体。在这个过程中，超过7亿人摆脱贫困，给世界减贫事业做出了巨大贡献。在这四十多年中，全世界减少的贫困人口70%来自中国。如果把中国的贫困人口扣除掉，世界贫困人口不仅没有减少，反而有所增加，并且我国是唯一没有出现金融危机的市场经济体。[②] 自2012年以来，精准扶贫工作成为我国各级政府的一项中心工作，每年国家投入大量的资金与人力开展全覆盖式精准扶贫。精准扶贫工作涉及国家行政工作方式的变化、国家治理能力的提高、贫困地区的产业发展、

[①] 周进萍：《社会治理中公众参与的意愿、能力与路径探析》，《中共南京市委党校学报》2014年第5期。

[②] 林毅夫：《改革开放近40年中国经济创造奇迹的原因》，新浪财经，2017年12月12日，http://finance.sina.com.cn/roll/2017-12-12/doc-ifypnyqi4065225.shtml。

基层社会结构的改造以及贫困文化的影响等。国家希望通过精准扶贫带领几千万贫困人口在 2020 年一起迈进全面小康社会，同时也希望通过精准扶贫创新出一套比较完善的治理贫困的常规性体制机制，推进国家治理现代化的发展。因此，研究精准扶贫中的国家治理现代化问题，对于完善和发展中国特色社会主义制度，丰富马克思主义相关治理理论和对比西方治理理论与中国治理经验等均具有重要的理论意义；对于总结精准扶贫工作中的国家治理现代化的实践经验，进一步推动精准扶贫工作的深入开展，以及推进国家治理体系和治理能力现代化，具有重要的现实指导意义。

（二）国家治理的现代转型与研究框架

党的十八届三中全会上通过的《中共中央关于全面深化改革若干重大问题的决定》指出，中国"全面深化改革的总目标是完善和发展中国特色社会主义制度，推进国家治理体系和治理能力现代化"。至此，我国开始从顶层设计层面做出向现代化治理转型的安排。治理是包括政府和各种非政府组织乃至私人机构在内的多个主体，协同处理公共事务，以满足公众需求，实现最大化公共利益的过程。所谓治理转型是公共治理领域发生的一种系统化的、大规模的和带有根本性的转变过程。[①] 国家治理最初是一个西方概念，是西方国家在应对传统管理方式无法正常提供社会所必需的公共产品时出现的一种替代式提供公共产品方式的概括。现代治理与传统管理的核心区别在于：首先，在治理结构上，传统管理的主体单一，大多是公共权力或

---

① 钱振明：《公共治理转型的全球分析》，《江苏行政学院学报》2009 年第 1 期。

政府为主体，而现代治理包含多元主体，除公共权力之外，市场主体、社会组织、公民等都可成为治理主体；其次，传统管理通过自上而下的权威体系发挥作用，但现代治理包含社会层面自下而上的参与。参与治理各主体的作用不同，活动空间法定，但本质上是平等的，体现为合法性、公开透明、民主、法治、责任、回应等精神。这正是治理体系和治理能力现代化的精神实质。[①] 所谓国家治理，是指主权国家的执政者及其国家机关为了实现社会发展目标，通过一定的体制设置和制度安排，协同经济组织、政治组织、社会组织，和公民一起，管理社会公共事务、推动经济和社会其他领域发展的过程。国家治理最核心的是涉及权力的来源、权力的行使和权力的制约的内容。政府治理、市场治理和社会治理是现代国家治理体系中三个最重要的次级体系。[②] 国家治理转型是一个世界现象，20 世纪 70 年代开始出现于西方发达资本主义国家，然后不断向发展中国家以及欠发达国家扩散，西方发达国家的治理转型与我国的治理转型具有不同的逻辑，我国的国家治理转型的关键内容主要集中于重新界定国家权力的边界，重新塑造国家与市场、国家与社会的关系。

1. 西方发达国家治理转型的趋势

转型是事物从一种运动形式向另一种运动形式转变的过渡过程。社会转型就是社会从一种类型向另一种类型转变的过渡过程，是社会的整体性发展，也是一种特殊的结构性变动，内容涉及政治、经济、社会等领域的各个方面。所以，政府转轨、治理转型并不是什么新事物，而是经济转轨、社会转型的伴生

---

① 高新民：《国家治理体系现代化与党的群众路线》，《新视野》2014 年第 3 期。
② 翁士洪：《全球治理中的国家治理转型》，《南京社会科学》2015 年第 4 期。

物，具有历史的必然趋势。历史地看，西方资本主义国家治理已经发生了三次重要的转型。

19 世纪，西方国家工业化民主体制追求的是政府目标极少的"小政府模式"，到 19 世纪末，中央权威极弱的"小政府模式"已经无法应对工业化民主体制中出现的许多现实问题：工厂如雨后春笋般出现，城市以惊人的速度发展，整个新兴产业正在孕育。这些新的现象带来了许多新的公共需求：大型运输系统，如铁路和桥梁，大型城市排水和供水系统，以及普及教育的体制等需要建立。在原有政府模式无法满足这些需求的时候，创造新型的公共管理模式替代旧的"小政府模式"也就成为必然。在此背景下，20 世纪初韦伯归纳的官僚制模式在西方国家得到确立。官僚制是适应工业社会的公共管理模式，西方国家政府部门对官僚制的引入使公平行政和效率行政得以实现，并使组织结构优化，层级节制的组织结构使得官员和机构都必须接受严格的监督，这客观上加强了对腐败行为的控制。在专业化方面，一度由专业人员完整从事的工作被分割成了若干细小的部分，政府更趋近一个无缝隙的政府。而官僚组织的指挥系统大多采用统一命令的方式，信息上下双向快捷传输，有利于实现政府组织的充分整合。它与早期的治理模式相比是一种进步。但是，到 20 世纪 70 年代，官僚制的优点开始逐渐蜕变成了缺点：本位行政、低效行政和组织整合失灵。官僚制开始受到质疑，被宣布为一种过时的治理模式，"到了非改不可的地步"。有的时候，在政府越来越低效或无效的时候，私人部门却显得很有效率，各种非营利、非政府组织蓬勃发展，不断壮大，并对社会做出了独特的贡献，承担着许多在一些国家由政府机构来承担的职能。危机的出现预示着"作为一种可以接受的治理模式，传统治理已经死亡"，新的比传统治理更具现实性和生命力的治理模式即将来临。①

20 世纪初，世界各国政府为了改正"小政府模式"的缺点，普遍按照马克斯·韦伯的官僚体制原则建立公共治理模式，而到 20 世纪 70 年代以后，公共管理领域围绕着加强政府能力和满足公民意愿展开了从政府管理到公共治理的转型，这是人类社会发展的必然趋势和结果。

国家治理是一个随着经济、社会和技术的发展不断转型的过程。国家治理的转型是一个复杂的连续不断的过程，是作为上层建筑的国家适应经济和社会基础的变化而不断调整和改革的过程。20 世纪 90 年代以来，随着全球化、市场化和网络化时代的持续深入发展，国家的治理模式和治理理念不得不进行适应性转型。

市场经济向全球范围的扩展，跨国公司对民族国家经济影响力的增大，事实上形成了新的不以民族国家为界限，而是以生产和销售为主的全球经济网络，"看不见的手"（市场）正在削弱"看得见的手"（国家）的力量和权力。国家在追求经济繁荣和国力强大中，政治权力不断向经济领域转移和过渡，形成了"国家的去政治化而经济化"的过程。在全球化和网络化的时代，全球市场（资本、金融、生产、消费、服务的全球性流动）瓦解和侵蚀着主权国家（以领土和疆界为特征）对货币、金融和经济政策的控制权，导致国家主权被削弱以及地区性国家联盟崛起。在全球化进程中，国家不断表现为"被全球化"和"去国家化"。随着市场经济的深入发展，市民社会和公共领域的出现也在不断侵蚀着国家对社会的控制能力，国家治理的一部分权力必须交给社会，国家也在不断地"社会化"，

---

① 钱振明：《公共治理转型的全球分析》，《江苏行政学院学报》2009 年第 1 期。

而互联网的出现大大提升了这一演化的速度、深度以及广度。
从前，国家垄断了信息及其自上而下的传播渠道，互联网彻底
打破了国家的信息垄断，使信息按照水平的模式传播，使治理
者不能再像从前那样垄断作为治理工具的信息，并且被治理者
能够方便地掌握甚至发布信息，被治理者能够与治理者一起分
享治理工具，国家开始不断地"网络化"。①

弗里德曼说，当世界从垂直的价值创造模式（命令和控
制）向日益水平的价值创造模式（联合与合作）转变，一道道
的"围墙、天花板和地板"被驱散了，人们面临着纷繁复杂的
变化，从前习惯的政府管理模式不得不进行深入调整，以适应
平坦的时代。② 全球化、市场化、社会化和网络化一起，使得人
类社会的结构发生了重要的变化，人类的治理模式也从以政府
为中心的金字塔式的垂直统治结构逐渐向非中心或者多中心的
水平模式演化。

2. 中国治理转型的历史趋势

关于传统中国的国家治理模式的研究较为丰富，其中马克
斯·韦伯提出了"家产官僚制"，孔飞力认为是"官僚君主
制"，金观涛、刘青峰概括为"超稳定结构"，何怀宏抽象为
"世袭社会"与"选举社会"，刘毅概括为家国传统等，他们都
从不同侧面对传统中国之政治社会特点进行了分析和描述，构
成了研究中国传统国家治理的知识与理论基础。③ 总体来看，自
新中国成立以来，我国的治理体制已经历了三个阶段，即计划

---

① 刘智峰：《论当代国家治理转型的五大趋势》，《北京行政学院学报》2014年第4期。
② 托马斯·弗里德曼：《世界是平的》，何帆、肖莹莹、郝正非译，长沙：湖南科学技术出版社，2006，第180页。
③ 刘毅：《家国传统与治理转型》，《中共中央党校学报》2017年第1期。

经济时的全能主义统治时期、改革开放以来的管理转型时期和近年来的国家治理时期。不同治理阶段之间的变革都是因经济社会结构的变化推动治理方式做适应性变革，国家治理一次次从理念、制度到结构和方式都发生了根本性的转变，出现了中国治理从旧到新的转型。

在计划经济体制下，政府是全能政府。政府在整个社会中扮演着一个高度集中化的资源配置者角色，无所不包，无所不揽。国家的治理是一种管制型、人治型、封闭式行政。全能政府在体制上的政府本位和官本位，使其在运行方式上主要通过内部会议、内部文件等进行封闭式管理，"红头文件"、领导批示成为主要的行政管理依据。其突出弊端是政府权力很少受到自下而上的监督和制约，也没有明确的责任机制，各部门间职能交叉重叠。全能主义的治理模式极大地推动了我国工业化基础的建设与对传统社会的改造，但是随着经济社会的发展变化，全能主义的治理模式越来越不适应经济社会发展的需要，亟须变革。1978年以来的改革开放，促进了中国经济的持续快速增长，同时带来了经济结构和社会结构的急剧变动，引起了公共治理的转型。首先，政府职能发生转变。政府的主要职能已不再集中于过去的政治统治或政治领导层面，而且放松了对经济领域的过度干预和严格控制，逐步转向社会的公共管理。其次，政府与社会呈现一种新型关系。民间组织的数量越来越多，其在提供各类公共商品以及从事公益事业和公共服务方面发挥的作用越来越重要，并且承担了一部分原来由政府承担的职能。再次，政府的运作方式发生了很大的变化，法律在各个领域开始发挥作用，依法行政成为政府运作的基本要求。最后，政府权力下放与职业化公务员制度的建立。单位在基层社会公共事务管理中的作用不断弱化，专家和公众在公共决策中的作用显得越来越重要，专家咨询制度、公民参与制度、社情民意反映制度、社会公示制度、社会听证制度开始建立。①

当前，随着市场化改革的持续发展，一元化的国家逐渐分化成为三个领域：其一是国家领域，国务院、省（自治区、直辖市）政府、县（区）政府、街道办事处（乡镇政府），包括居（村）委会，这是一个行政金字塔结构，是纵向多层次的管理体制；其二是市场领域，主体为企业，企业与政府之间的关系不是领导与被领导的关系，而是横向组织系统的关系；其三是社区领域，是居民之间的互助、互利、互惠关系。国家、市场、社会的结构性分化以及国家、市场、社会内部的组织分化，必将促使它们之间产生功能性分化，这既是现代化社会分工的需要，也促进了社会政治和社会体制的变革。② 这种分化表明当下中国治理转型最重要的动力来自经济体制的变化及其引起的国家和社会领域的变化。我国在实现经济社会体制转轨的过程中，出现了许多问题，如社会治安问题、就业问题、污染问题、社会不公问题等，在采取旧有的管理方式时，国家常常出现治理行为失灵，所以国家需要重新定位角色，重构国家与市场、社会的关系，走出国家应发挥的作用和能力不相适应导致低效无能的治理困境，③ 进而实现国家治理模式的新变革。

当前，我国的国家治理转型就是不断完善国家管理职能，继承与创新党和政府在治国理政方面的道路与模式，提升中国特色社会主义现代化道路探索的内涵，重要的目标任务是国家治理体系与治理能力现代化，这是对马克思主义国家理论的创新和发展。国家治理转型的深化推进，尤其是治理现

---

① 钱振明：《公共治理转型的全球分析》，《江苏行政学院学报》2009 年第 1 期。
② 贺海波：《主体间性：社会管理持续变迁的一种分析框架》，《学习与实践》2013 年第 2 期。
③ 钱振明：《公共治理转型的全球分析》，《江苏行政学院学报》2009 年第 1 期。

代化水平的提升，是当前现实经济社会问题使然，是不得不进行的一项重要改革。① 推进国家管理向国家治理转型，是党的十八大以来我国全面深化改革领域的重要议题，其核心要义是通过国家治理体系与治理能力现代化不断解决经济社会建设发展中产生的各种矛盾与冲突，从而实现"善治"发展目标。由国家管理向国家治理转型是党和政府基于改革开放以来我国政治与行政体制改革的思考与反思，是鉴于近十年来国内外兴起的治理研究与实践浪潮的不断推进而做出的具有全局性、系统性的改革决定。这一转型是对传统管理理念、管理目标、管理方式、管理职能等进行的重新审视与思考，其核心是通过体制机制革新解决社会转型与市场化建设过程中的社会和谐与政治稳定问题。②

3. 中国治理转型中的国家与市场、社会之间的关系

我国社会管理体制的变迁反映了主体间性的转变：单位制与人民公社体制建构起国家一元化管理，国家完全吸纳了市场与社会；在社会管理体制的转型时期，国家对经济领域的松绑首先创造出了市场合作伙伴，在国家与市场的联合推动下，社会开始获得了一定程度的发育，社会管理开始出现多元主体；在社区制中，国家将市场与社会看成治理公共事务的合作伙伴，力求打破国家一元管理，建构起党委、政府、社会与大众权力共享责任共担的社会管理新格局。③ 当前治理转型是从传统治理

---

① 刘涛、闫彩霞：《国家治理转型的理论内涵与实践探索》，《内蒙古社会科学》（汉文版）2015 年第 4 期。

② 刘涛、闫彩霞：《国家治理转型的理论内涵与实践探索》，《内蒙古社会科学》（汉文版）2015 年第 4 期。

③ 贺海波：《主体间性：社会管理持续变迁的一种分析框架》，《学习与实践》2013 年第 2 期。

模式向现代治理模式的演进，国家治理将在市场化运动和社会自我保护运动两个不同方向上进行重构。过去数十年的市场化改革积累了巨量财富，但财富生产和流通方式过分倚重政府力量，市场机制、规则和理念在立法和执法层面尚未得到充分尊重，还有很大改进空间。现代社会以"市场经济、法治社会、民主政治"为转型发展目标，转型动力无疑来自以民生、民权、民主为根本宗旨的社会整体转型。① 因此，国家与市场、社会的关系构成了现代治理转型的分析框架。在此分析框架内，至少要涉及国家治理职能的转型、国家与市场关系的转型、国家与社会关系的转型，这些正是国家治理体系与治理能力现代化的核心要义。

首先，调整国家权力的主导作用。

作为后发外生型现代化国家，中国政府在推进现代化建设进程中遗留了诸多问题，这些问题已难以通过政府单一的力量得到解决。化解这一困难需要改革传统政府管理体制，推进国家管理向国家治理的现代化转型。从目标取向来看，我国的国家治理现代化与西方国家的治理现代化基本一致，但是受不同国家的制度、文化、发展阶段以及现实状况等因素的制约和影响，我国的国家治理现代化过程具有不同于西方国家的发展逻辑。西方国家的治理现代化主要从社会中心论出发，强调通过发展成熟的公民团体和基层自治来推进并实现整个国家的治理现代化，而我国整体处于转型期，社会治理体系尚不健全，社会治理能力仍处于相对较低的水平，因而在推进国家治理现代化过程中更注重国家权力主体（政府）的核心主导职能和作用。当然，随着社会的不断发展，我国国家治理的理念和逻辑

---

① 《2013：国家治理转型》，《人民论坛·学术前沿》2013 年第 24 期。

应该采取一个更为均衡和客观的理论视角，既强调在转型社会国家发挥主导作用的重要性，又考虑到治理理念所强调的社会诉求。①

在我国，政府是推进国家治理现代化的核心主体，主导、引领并决定着市场、社会以及公众等其他主体在国家治理中的地位和作用。然而受一些政府部门自利等因素的影响，一些政府部门在推进国家治理现代化的进程中易由"政府主导"促生"政府本位"的观念和倾向，政府出现部分职能失灵的问题，进而会引发国家的整体性治理危机。② 国家治理转型关键在于转变政府职能，转变全能主义政府与"大家长"形象。转变政府职能关键要做到以下几点。首先，科学界定政府职能范围。要明确界定属于政府管辖的事务，并形成长效监督与合理赋权，将权力关进制度的笼子里。政府要将不应该管理的、不能管的、没能力管的让渡给市场主体和社会主体，要将做得不够的、没有做好的不断加强，提高服务质量。其次，加强宏观调控。推进国家治理转型并不是放弃政府作用，而是在市场化建设进程中更好地发挥政府作用——减少事前审批，推进事中事后监管，提供服务、增强服务。"一个服务是要为市场主体、为企业、为老百姓提供公平竞争的环境，另外，政府要通过再分配的手段来实现社会公平。另一个服务是要为人民的生存发展创造条件，包括物质文明和精神文明。比如教育、医疗、卫生各方面的条件，促进人的全面发展，按照以人为本的要求来加强和谐社会的建设。"最后，创新职能履行方式。由强制堵塞的刚性行为方式向疏导畅通的柔性行为方式转变，建立上下互动、自由交流

① 胡永保、杨弘：《国家治理现代化进程中的政府治理转型析论》，《理论月刊》2015 年第 12 期。

② 胡永保、杨弘：《国家治理现代化进程中的政府治理转型析论》，《理论月刊》2015 年第 12 期。

与沟通的广泛参与渠道，在协同治理中化解社会矛盾与冲突。①

政府在推动国家治理现代化的实践中要特别重视法治与民主的治理逻辑。政府要积极稳妥地推进政府治理体系的民主化改革，优化政府组织结构，提升政府治理效能，这就需要在推进政府与市场、社会和公众等主体实现协同共治过程中，加快政府自身治理体系的改革和完善，同时以政府治理体系的民主化改革助推政府与市场、社会和公众等主体形成良性的协同共治关系。应以民主化为基本导向推进政府机构改革和政府权力合理调配，增进不同职能部门间的权力制衡与协调，增强政府行使权力的自律性和规范化。另外，还应以民主内涵的价值理念要求政府公职人员严格履行公职义务，树立正确的人民公仆理念，养成良好的民主习惯、品行和作风。② 国家治理体系和治理能力现代化是全面改革总目标的一部分，与先前提出的农业、工业、国防和科学技术现代化并称"五个现代化"，其核心和难点是实现法治，全面、深入推进社会主义法治国家建设。③ 法治是国家治理的基本方式。对国家来讲，对社会的管理，更多地体现为以法治方式保护公民权利、调节社会秩序，并把服务寓于管理之中。④ 政府积极做到依法治国、依法执政、依法行政、严格执法和公正司法，推进国家治理现代化本体上和路径上就是推进国家治理法治化。现代法治为国家治理注入良法的基本价值，提供善治的创新机制。⑤

---

① 刘涛、闫彩霞：《国家治理转型的理论内涵与实践探索》，《内蒙古社会科学》（汉文版）2015 年第 4 期。

② 胡永保、杨弘：《国家治理现代化进程中的政府治理转型析论》，《理论月刊》2015 年第 12 期。

③ 应松年：《加快法治建设促进国家治理体系和治理能力现代化》，《中国法学》2014 年第 6 期。

④ 高新民：《国家治理体系现代化与党的群众路线》，《新视野》2014 年第 3 期。

⑤ 张文显：《法治与国家治理现代化》，《中国法学》2014 年第 4 期。

政府治理是国家治理的核心部分，政府治理转型是推进国家治理现代化的重点，是决定中国能否达成长远发展目标、成为"成功国家"的关键一步。[1] 制度完善与治理能力提升是多方力量协同治理格局的建构，必须抓住治理改革契机，重塑国家治理体制制度，推进国家从管理向治理转变。尤其是打破政府以"直通车"的形式对社会进行全面控制的"强政府－弱市场社会"的高度集中的管理制度格局。[2]

其次，重塑国家与市场的关系。

40 多年来的改革开放基本上已经建立起社会主义市场经济体系，这一体系激活了治理主体的积极性、活力与动力。但是，当前国际形势日益复杂，社会矛盾日益凸显，社会急剧转型且其发展步伐受挫严重。改变这一发展状态必须不断激发市场社会活力、动力与能力，"让一切劳动、知识、技术、管理、资本的活力竞相迸发，让一切创造社会财富的源泉充分涌流"[3]。然而，在威权主义管理体制下，一些地方政府对市场的干预、控制没有遵循既有规律，常常出现政府失灵与市场失灵，市场难以充分发挥对资源要素的决定性配置作用。一方面，政府部门的利益本位影响了政府的市场监管，有利可图时多个部门插手，无利可图时相互推诿，甚至难以找到被问责主体；另一方面，市场发育仍不完全，法律仍不健全，缺少良好的行业自律、市场诚信和社会诚信，市场主体缺乏应有的自由，建构一个健全的市场体系还需要艰苦的努力。推进国家治理转型就是要给市

① 魏治勋、李安国：《当代中国的政府治理转型及其进路》，《行政论坛》2015 年第 5 期。
② 闫彩霞、刘涛：《国家治理转型中非制度化政治参与困境及超越》，《甘肃社会科学》2015 年第 2 期。
③ 闫彩霞、刘涛：《国家治理转型中非制度化政治参与困境及超越》，《甘肃社会科学》2015 年第 2 期。

场松绑，释放市场主体活力、动力以及能力。①

在党的十八届四中全会上提出的正确处理好政府和市场关系的原则是"科学的宏观调控，有效的政府治理"，发挥市场在资源配置中的决定性作用。因此，在处理国家与市场的关系时，需要逐步实现以下变革。一是政府应根据市场经济发展的内在要求，变革政府"大包大揽"和对微观经济活动直接干预的观念和行为，逐步向市场主体放权，激发市场主体的活力，把"不该做、做不好、做不了"的事交给各类市场主体去做，加快形成企业自主经营、公平竞争，消费者自由选择、自主消费，商品和要素自由流动、平等交换的现代市场体系，着力清除市场壁垒，提高资源配置效率与公平性。二是政府应自觉维护市场机制所内生的自由、平等、竞争和效率等民主价值，依据市场经济自身的运行方式和规律来建构市场运行良好有序的民主制度环境，改革完善市场监管体系，实行统一的市场监管，清理和废除妨碍全国统一市场公平竞争的各种规定和做法，严禁和惩处各类违法实行优惠政策的行为，反对地方保护，反对垄断和不正当竞争。三是政府应逐步完善和拓展市场主体参与公共治理的机制和渠道，引领并推动市场主体在国家治理中发挥积极作用，提升市场主体的治理能力和水平，完善价格决定机制，凡能由市场形成价格的都交给市场，政府不进行干预，政府定价范围主要限定在重要公用事业、公益性服务、网络型自然垄断环节，提高透明度，接受社会监督。②

由国家管理向国家治理转型，最直接的目的是发挥多元主体作用，其中市场主体是经济社会发展的直接推动者。经济体

---

① 高新民：《国家治理体系现代化与党的群众路线》，《新视野》2014 年第 3 期。

② 胡永保、杨弘：《国家治理现代化进程中的政府治理转型析论》，《理论月刊》2015 年第 12 期；刘涛、闰彩霞：《国家治理转型的理论内涵与实践探索》，《内蒙古社会科学》（汉文版）2015 年第 4 期。

制改革是全面深化改革的重点，核心问题是处理好政府和市场的关系，使市场在资源配置中起决定性作用和更好地发挥政府作用。政府做好宏观调控事宜，市场做好微观事宜。政府要由微观调控向宏观调控转变，由行政手段向法律手段转变，由直接生产向提供服务转变，逐渐破除统治与管理体制，充分发挥市场决定性作用。[①]

最后，重塑国家与社会的关系。

改革开放以来，人们的生活方式、工作方式、社会财富分配方式与社会阶层结构和社会观念形态都发生了重大变化，比如人们的人权意识、民主意识、法治意识和对公权力的监督意识都得到了较为充分的发展，特别表现在以下三个方面。首先，民众对于与自己利益相关的事务的参与意愿越来越强烈。如对于物权法、劳动法、个税起征点等法律的立法以及教育和医疗卫生制度改革方案，民众都自愿参与讨论，但是无论是全国性还是地方性的公共事务都缺乏让民众参与决策过程的通道与平台。其次，民众对权利、利益诉求越来越高。从工资、就业到教育、医疗，再到各种社会保障，在网络上均可看到各种意见。但是政府已经不再是全能主义政府，无法满足民众全部要求，有些问题需要由市场或社会解决。最后，民众对社会财富的分配、利益关系的调节期待越来越高。政府要协调和处理社会各利益群体间的利益关系，整合利益相关方的不同诉求。[②] 近年来，国家一直在协调与社会的关系，但仍与充分满足民众的需求有一定距离。以政府为主要代表的公共权力自身，在处理政策问题时长期不能满足这种需求，就有可能产生越来越多的治理问题。

---

① 刘涛、闫彩霞：《国家治理转型的理论内涵与实践探索》，《内蒙古社会科学》（汉文版）2015年第4期。

② 高新民：《国家治理体系现代化与党的群众路线》，《新视野》2014年第3期。

对此，应按照民主的理念和要求推进社会领域的政府职能转变和体制改革，逐步实现政府与社会治理关系的民主化。具体来说，首先，政府要减少对社会的管制，通过法律途径规范参与秩序，尤其要保障公民通过参与维护自身合法权益，引领广大公民树立正确的参与观。其次，政府必须对广大民众关心的事项加强监督与调查，必要时召开相应听证会与座谈会，推进政府信息公开，各项政策的制定及实施要向社会公开。再次，政府要改变直接从事公共产品和公共服务的生产和直接参与供给的方式，采取合同外包、特许经营、政府补贴、志愿服务等多种方式，通过私营企业和非政府组织承担部分公共产品和公共服务的生产和供给。最后，政府应逐步向社会放权，培育并扶持非营利性、志愿性、公益性的社会组织发展。既要加强对社会组织的监管，规范社会组织的各项活动，促进其健康良性地发展，又要在共同性事务上积极寻求与社会组织的互助协作，发挥社会组织的积极作用，构建社会治理的新型伙伴关系。①

随着社会治理的自主性和独立性日益增强，地方政府行政力量与基层社会自治力量的交互博弈、地方政府与基层社会直接性的对抗和冲突的情况日渐增多，给以政府行政为主导的国家一元治理体系带来诸多挑战。国家治理转型就是要打破传统管理体制下僵化的、封闭的静态稳定格局，在这一格局中，国家与社会、政府与人民处于一种零和博弈状态，其典型特征是公众参与缺失以及利益结构固化，其后果是陷入"管理困境"。国家治理转型就要实现广泛的社会动员，广泛而有序的公众参与是国家与社会良性互动、和谐发展的重要衡量指标。随着民

① 胡永保、杨弘：《国家治理现代化进程中的政府治理转型析论》，《理论月刊》2015年第12期；刘涛、闫彩霞：《国家治理转型的理论内涵与实践探索》，《内蒙古社会科学》（汉文版）2015年第4期。

主化、法治化进程加速推进，民主、法治、公正、平等、和谐等现代价值因素深入人心，公众参与政治生活的愿望日益高涨。在一定程度上国家治理就表现为一系列的公众参与行为过程，各主体在广泛参与中推进国家治理转型。①

（三）精准扶贫中现代治理转型的研究现状

三十多年来，扶贫工作先后经历了以区域瞄准为重点的救济式扶贫、以贫困县瞄准为重点的开发式扶贫和以贫困村瞄准为重点的综合性扶贫，并逐渐走向以贫困户为重点的精准扶贫。② 精准扶贫是一项国家治理工程，具有国家主导下参与主体的多元化、实施方式的多样性以及治理内容的公共性等国家治理属性。精准扶贫的国家治理本质在于推动国家主导下的多主体合作，注重提升人民群众的主体性，建立精准扶贫治理的跟踪评估与反馈机制，以及注意维护扶贫治理中国家与社会的秩序。③ 党的十八大以来，以精准扶贫、精准脱贫为基本方略，国家减贫治理体系经历着密集的调整，在信息汲取能力、政治保障和制度保障能力、综合回应能力、资源动员能力以及政策执行能力等诸方面都有显著提升。在未来的脱贫攻坚实践和共同富裕征程中，中国国家减贫治理体系将不断完善，现代化水平将持续提升。④ 有学者认为，三十多年来的中国贫困治理已经形成具有中

① 刘涛、闫彩霞：《国家治理转型的理论内涵与实践探索》，《内蒙古社会科学》（汉文版）2015 年第 4 期。
② 何炜、刘俊生：《多元协同精准扶贫：理论分析、现实比照与路径探寻——一种社会资本理论分析视角》，《西南民族大学学报》（人文社会科学版）2017 年第 6 期。
③ 傅熠华：《国家治理视阈下的精准扶贫》，《学习与实践》2017 年第 10 期。
④ 吕方：《精准扶贫与国家减贫治理体系现代化》，《中国农业大学学报》（社会科学版）2017 年第 5 期。

国特色的"中国经验",是基于相应的政策制定的价值诉求,是在政府主导下通过阶段性地推进市场经济发展、注重多方社会资源的整合、在开发式扶贫的同时瞄准对象不断区域化等方式获取的。但是贫困治理的"中国经验"也存在贫困主体参与性低导致内生性发展动力不足,基层治理弱化使扶贫资源得不到有效承接,"短平快"的项目制使贫困治理呈现策略主义运作逻辑,以及区域发展失衡等实践困境。[①] 从上述分析可见,中国的贫困治理是在政府主导下随着时代发展而不断推进的,政府不断调整发挥主导作用的措施,不断调动多主体参与扶贫之中,并不断调整政府与市场、社会的关系。这些也正是精准扶贫中国家向现代治理转型的经验表象。

1. 精准扶贫中政府的主导行为特点

我国大规模扶贫始于 1986 年,在过去的 30 多年中主要依靠政府主导和推动,大规模、有组织、有计划地将扶贫开发作为各级党委政府的一项重要任务,自实施精准扶贫以来,国家采取了超常规的举措,出台了一系列扶贫脱贫的政策,其中包括与地方政府行动相关的考核机制、退出机制、驻村帮扶机制等,将扶贫开发纳入地方政府的重点工作。这些举措体现了我国社会主义的制度优势和政治优势。[②] 政府在参与扶贫的多元主体中占据绝对主导地位,在某种意义上,建构起一种"整体性扶贫"的公共治理模式。[③]

首先,精准扶贫制度建构。贫困涉及物质可获得性和个人

---

① 周冬梅:《中国贫困治理三十年:价值、行动与困境——基于政策文本的分析》,《青海社会科学》2017 年第 6 期。

② 张琦:《减贫战略方向与新型扶贫治理体系建构》,《改革》2016 年第 8 期。

③ 许文文:《整体性扶贫:中国农村开发扶贫运行机制研究》,《农业经济问题》2017 年第 5 期。

获得发展机会与权利的公平性等问题，扶贫制度安排的根本目标就是要实现公平与效率的均衡。政府应该通过制度创新完善政策体系，通过建设传递机制、实施扶贫计划、建立参与机制和加强监督机制等方式形成制度规范下的反贫困治理机构。[1] 目前，精准扶贫形成了坚持党的领导和政府主导、党政"一把手"负总责的领导体制和各级政府合力攻坚、分级负责的管理体制，[2] 并且建立了扶贫政策清单，有助于消解扶贫单元纵向科层治理与扶贫对象横向识别之间的张力，预防扶贫治理"内卷化"与政策执行中的负面效应，纠正国家资源输入与内源式脱贫互相排斥的扶贫治理悖论。[3]

其次，政府层级间关系的调整。由于中央政府与地方政府之间处于一种政治博弈关系状态，地方政府利用中央政府对地方扶贫信息、项目信息等不了解的状况，根据地方需要使用或挪用扶贫资源，造成扶贫政策的碎片化，影响政策效果。因此，政府主导下的反贫困治理模式在实际的运行中因贫困数据失真、信息黑箱、信息不对称、被动救助等因素常常引发贫困治理成效不佳的问题。[4] 国家在精准扶贫中采取了如下措施。一是纵向分权。中央发挥宏观层面统筹、监测、规划、指导、监督作用和制定支持政策、保障财政供给，其他权力下放到地方。省（自治区、直辖市）对行政区划内扶贫工作负总责，制定落实本级扶贫开发战略、规划和政策措施。地（市、州）及以下各

---

① 赵曦、成卓：《中国农村反贫困治理的制度安排》，《贵州社会科学》2008 年第 9 期。

② 檀学文：《完善现行精准扶贫体制机制研究》，《中国农业大学学报》（社会科学版）2017 年第 5 期。

③ 陈浩天：《精准扶贫政策清单治理的价值之维与执行逻辑》，《河南师范大学学报》（哲学社会科学版）2017 年第 2 期。

④ 季飞、杨康：《大数据驱动下的反贫困治理模式创新研究》，《中国行政管理》2017 年第 5 期。

级党委和政府负责落实相关政策措施，并承担扶贫开发具体项目的规划、设计和组织实施工作，充分发挥主动性和创造性。①二是"央－地"协作治理。选择"复杂政策"治理模式，中央政府在常规的目标设定与督查考核之外，通过出台纲领性、指导性的专项政策，以及扩大社区参与等多种控制手段来规训地方政府的偏差行为，建立"央－地"之间的协作机制，发挥好中央和地方"两个积极性"，从而弥合中央政府对政策推进的总体控制与地方政府在行政实践中自由裁量权之间的张力。在"央－地"协作治理中"管好"与"放活"并举。党的十八大以来，国家治理领域在加强"顶层设计"与鼓励"地方创新"两个方向上同时发力。在贫困治理中，中央政府在加强中央层面整体性布局减贫战略和政策体系"顶层设计"的同时，更加注重扩充地方政府的项目审批权、资金管理权等夯实县域精准扶贫的工作能力。②

最后，精准扶贫中基层治理的特点。在某种意义上，精准扶贫的确重塑了地方政府的政治生态，极大地改善了后税费时代地方政府在乡村发展特别是贫困乡村发展中的注意力分配和公共投入上的缺失。③ 学界从不同的视角进行了研究。一是从县域治理视角来看，县域贫困治理运行于自上而下高度动员的科层体系末梢，同时面对着乡土情境的异质性特点和复杂的地方文化网络。"行政体系理性化"的制度安排与"治理实务在地性"之间存在一定的张力，遂导致在精准识别、精准帮扶和精

---

① 陆汉文：《我国扶贫形势的结构性变化与治理体系创新》，《中共党史研究》2015 年第 12 期。

② 吕方、梅琳：《"复杂政策"与国家治理——基于国家连片开发扶贫项目的讨论》，《社会学研究》2017 年第 3 期。

③ 荀丽丽：《从"资源传递"到"在地治理"——精准扶贫与乡村重建》，《文化纵横》2017 年第 6 期。

准退出三个环节中出现了一定程度的"精准度"困境。① 二是立足于基层组织的视角，考察精准扶贫政策的不精准执行问题。基层组织在运动式治理和官僚体制的双重规制和压力下，面临着一系列的执行约束，基层治理资源有限、权责不匹配、压力考核等因素影响了基层干部的政策定位与具体执行。特别是"军令状"扶贫管理机制，有助于地方政府在扶贫工作中自我施压并调动工作的积极性、主动性，但是压力性体制下的"扶贫军令状"在由上而下的巨大工作压力和运动式治理中，往往会导致地方政府扶贫工作的一系列应对策略，从而扭曲扶贫工作的初衷和本质，进而造成政府贫困治理的失灵。② 在国家治理转型的背景下，国家、基层组织和农民三者之间的关系发生改变，基层组织承担的任务急剧增长，并受到来自国家与农民的双重压力和监督。在双重压力之下，基层组织表现出权威导向的选择性治理、风险规避的规范化治理和硬任务的软执行，严重影响了基层组织的治理能力和政策的执行能力。③ 三是从村治主体公共权威的缺失来看，税费改革后，基层政府悬浮，吸纳式治理将村治主体引入既无体制支持又与村民关系松散的尴尬境地，使其公共权威无法确立，同时村治主体还需承担政策变动的消极后果及扶贫建档立卡制给村治主体带来的"三角压力"；驻村干部对村治主体权力的短暂替代及村民对该种权力的工具性认同、利用，致使村治主体公共权威在精准扶贫实践中进一步缺失，以致村民争贫闹访、怨气横生，农村基层治理困

① 吕方、程枫、梅琳：《县域贫困治理的"精准度"困境及其反思》，《河海大学学报》（哲学社会科学版）2017 年第 2 期。
② 邢成举：《压力型体制下的"扶贫军令状"与贫困治理中的政府失灵》，《南京农业大学学报》（社会科学版）2016 年第 5 期。
③ 雷望红：《论精准扶贫政策的不精准执行》，《西北农林科技大学学报》（社会科学版）2017 年第 1 期。

境进一步凸显。所以在国家政权下沉的现代体制建设中，应注
重建立和维护村治主体的公共权威，实现国家和社会的有效衔
接。① 四是从施政伦理来透视，精准扶贫失准的根本原因是国家
扶贫的"帮穷"话语与基层的"帮能""帮亲""帮弱""帮
需"等社群伦理产生了分歧与张力，社群伦理为基层施政者的
"不瞄准"提供了伦理上的正当性，因此，需要从两种话语体
系中寻找一个有效的"中介原则"。② 五是从基层治理结构来
看，要想有效治理扶贫中的不精准问题，就必须构建"村民 -
村干部 - 驻村干部 - 乡镇干部"的联动机制，使精准扶贫参与
主体形成紧密合作关系；鼓励基层创新扶贫开发模式，对基层
进行适当赋权；创新贫困人口"进入 - 退出"动态管理机制，
强化贫困户动态管理；重建"过程 - 结果"密切衔接的扶贫考
核指标体系。③ 在基层治理结构中，第一书记制度对于精准扶贫
治理影响较大，国家在精准扶贫中设置的第一书记制度与在改
革开放后一直延续至今的村支书制度在扶贫领域相互作用形成
一种"双轨治理"，在基础设施建设、村庄发展和公平正义等
方面具有成效，但是因制度本身蕴含的投机性而带来了对自治
的消解及双重治理失效等发展之殇。④ 完善"双轨治理"，可从
政府与社会有限度的自主性、互惠性的资源依赖、合作型的治

---

① 万江红、孙枭雄：《权威缺失：精准扶贫实践困境的一个社会学解释——基于
我国中部地区花村的调查》，《华中农业大学学报》（社会科学版）2017 年第
2 期。
② 王雨磊：《技术何以失准？——国家精准扶贫与基层施政伦理》，《政治学研
究》2017 年第 5 期。
③ 张雨、张新文：《扶贫中的不精准问题及其治理——基于豫南 Y 乡的调查》，
《湖南农业大学学报》（社会科学版）2017 年第 5 期。
④ 谢小芹：《"接点治理"：贫困研究中的一个新视野——基于广西圆村"第一书
记"扶贫制度的基层实践》，《公共管理学报》2016 年第 3 期。

理及村落共同体的重建四方面入手，[①] 在提高第一书记的领导力水平、充分发挥其对乡村治理和精准扶贫贡献的同时，也要重视制度和文化建设，培养农村人才，提高农村人口素质，实现农村领导力的内生性供给，为贫困地区乡村社会的良治和精准脱贫的可持续性奠定基础。[②]

2. 精准扶贫中国家与市场的关系

精准扶贫中的市场包括扶贫产业市场与劳动力市场。在产业扶贫中，国家比较重视用供给侧结构性改革思维，在扶贫资源的集聚、利用方面引入市场主体和市场机制，激发市场活力，把扶贫管理重点放在投入侧，增强供给结构对需求变化的适应性和灵活性，提升、壮大、优化贫困地区产业实力，促进贫困地区自我发展内生动力，实现贫困地区脱贫致富。[③] 相比较而言，国家还不是很重视引入劳动力市场机制来解决贫困群体劳动力浪费问题。总体上看，精准扶贫中国家与市场的关系表现在以下方面。

首先，国家与市场主体具有不平等地位。作为参与式治理的重要探索，当前产业扶贫在践行参与式理念的过程中，出现了目标偏离和实践变形。多元主体的互动参与异化为政府主导下的被动参与，龙头企业、农村经济合作组织和贫困农户等主体难以与地方政府进行平等对话和协商，主体间地位不平等及

[①] 谢小芹：《"双轨治理"："第一书记"扶贫制度的一种分析框架——基于广西圆村的田野调查》，《南京农业大学学报》（社会科学版）2017 年第 3 期。

[②] 王亚华、舒全峰：《第一书记扶贫与农村领导力供给》，《国家行政学院学报》2017 年第 1 期。

[③] 万良杰：《供给侧结构性改革视阈下的民族地区"精准扶贫"》，《中南民族大学学报》（人文社会科学版）2016 年第 6 期；林俐：《供给侧结构性改革背景下精准扶贫机制创新研究》，《经济体制改革》2016 年第 5 期。

互动不足是当前遇到的主要瓶颈。①

其次，国家选择优势市场主体，而忽视了贫困群体的参与。尽管产业扶贫资金在运作中都瞄准了建档立卡贫困户，但其落地过程中，产业扶贫资金的承接主体主要是龙头企业与合作社，贫困户几乎没有决策参与权，甚至没有知情权。扶贫资金股权化等许多制度化的措施屏蔽了国家资本下乡后与贫困群体的直接互动。其中的原因有以下几点。一是精准扶贫带来了涉农资金投入的大幅增长，地方政府积极引导这些资金转向地方农业产业化的发展规划中，发展的雄心超越了对扶贫的关切。二是国家扶贫资源下乡需要面对"大国家对接小农户"的交易成本过高的问题，特别是在"时间紧、任务重"的情况下，产业扶贫项目的及时落地成为第一要务，政府自然更愿意与大企业或合作社对接和合作，激发了地方社会以企业、村干部、乡村精英为主体从谋利出发而建构"分利秩序"。"分利秩序"下的地方网络本身易于形成对贫困者的社会排斥。同时，其负面效应还在于这一过程中政府与市场关系的扭曲。"分利秩序"推动的产业项目无视当地的自然资源禀赋，无视市场规律，盲目上马又草草收场的例子屡见不鲜。三是精准扶贫推动的乡村发展不仅涉及"大国家与小农户的对接"，同时也涉及"大市场与小农户"的对接。可以说，农民的组织化问题是贫困群体难以参与精准扶贫的症结所在。②

再次，国家应该重视增强贫困群体劳动力的市场化。农民家计模式与家庭贫困的形成有着密切关联。特别是少数民族地区农民家计模式呈现家庭生命周期缺乏明显节点、家庭发

---

① 胡振光、向德平：《参与式治理视角下产业扶贫的发展瓶颈及完善路径》，《学习与实践》2014 年第 4 期。
② 荀丽丽：《从"资源传递"到"在地治理"——精准扶贫与乡村重建》，《文化纵横》2017 年第 6 期。

展缺乏理性规划、代际分工不够明确和低积累高消费等特征。农民贫困主要是因为家庭劳动力市场化程度较低、劳动力潜能未能充分释放。因此，对于西南少数民族地区而言，精准扶贫的重点应该是引入市场机制、充分释放农民家庭劳动力的潜能。[①]

最后，国家要将农民合作社作为重要的市场主体。农民合作社具有益贫性的显著特征，是精准扶贫精准脱贫的理想载体和农村反贫困最有效率的经济组织。农民合作社助力精准扶贫的作用体现在：做大特色产业，促进"益贫"功能发挥；推进技术进步，提高科技扶贫贡献度；扩大赋权机会，增强农户扶贫拥有感；激发内源动力，提升自我发展能力；促进内外协同，实现持续增收；等等。但是当前贫困地区的农民合作社处于发展初期阶段，存在对贫困农户惠顾少、社员受益有限、发展要素培育不足等问题。[②] 所以政府应加强政策引导，促进合作社快速成长，增强贫困农户的自主发展意识和话语权，形成一种贫困农户资产收益长效机制，转变产业链中贫困农户的角色与分工。[③]

3. 精准扶贫中国家与社会的关系

传统的反贫困治理模式中存在"家长式"、"政府独揽"及"责任独担"的"单中心"政府包办模式的弊病，精准扶贫应引入社会治理、协同合作的理论资源，要构建以地方政府为扶贫开发主体，非营利组织、国际和本土扶贫 NGO、社会组织、

---

① 田先红：《家计模式、贫困性质与精准扶贫政策创新——来自西南少数民族地区 S 乡的扶贫开发经验》，《求索》2018 年第 1 期。

② 柏振忠、李亮：《武陵山片区农民合作社助力精准扶贫研究——以恩施土家族苗族自治州为例》，《中南民族大学学报》（人文社会科学版）2017 年第 5 期。

③ 李如春、陈绍军：《农民合作社在精准扶贫中的作用机制研究》，《河海大学学报》（哲学社会科学版）2017 年第 2 期。

个人及政府内部各部门间共同协作的多中心协同反贫困治理体系。① 强调政府不再依靠强制力，而是通过与社会组织、企业等参与主体平等协商对话和相互合作来治理贫困问题，强调通过各参与主体间的有效合作，从根本上治理贫困问题，② 可以破除政府单兵作战的被动局面，构建多元贫困治理主体，可以丰富贫困治理中"政府－贫困群体"的线性结构，实现减贫主体间的多层次立体良性互动，可以突破传统救济式扶贫的路径依赖，为开发式扶贫探索新路。③ 但是，在精准扶贫中国家与社会之间存在非人格化的科层理性、循差序原则的价值型关系理性和趋利避害的工具型关系理性之间的矛盾。④ 学界研究精准扶贫中的国家与社会关系，主要集中在以下几个方面。

首先，国家与村庄的关系。贫困社区和贫困人口处于物质、人力、社会资本贫困叠加、负向影响的困境之中，缺乏自我发展能力。对扶贫对象进行贫困干预既要加强基础设施建设，又要以精细化的社区能力建设来不断增强扶贫对象与外部交流的意识和能力。⑤ 也就是说，基于在地治理的反贫困需要国家与社区的双重力量，也需要探索这两种力量合作与良性互动的制度框架，国家要促进驻村帮扶资源供给的制度化，强化促进贫困

① 冯朝睿：《多中心协同反贫困治理体系研究——以滇西北边境山区为例》，《西北人口》2016 年第 4 期。
② 刘俊生、何炜：《从参与式扶贫到协同式扶贫：中国扶贫的演进逻辑——兼论协同式精准扶贫的实现机制》，《西南民族大学学报》（人文社会科学版）2017 年第 12 期。
③ 高飞、向德平：《社会治理视角下精准扶贫的政策启示》，《南京农业大学学报》（社会科学版）2017 年第 4 期。
④ 殷浩栋、汪三贵、郭子豪：《精准扶贫与基层治理理性——对于 A 省 D 县扶贫项目库建设的解构》，《社会学研究》2017 年第 6 期。
⑤ 覃志敏：《连片特困地区农村贫困治理转型：内源性扶贫——以滇西北波多罗村为例》，《中国农业大学学报》（社会科学版）2015 年第 6 期。

村内源发展,① 因此,不应只注重技术化的瞄准与规范化的监察,不应只对传统地方性文化进行贬抑与革除,而是要立足于地方性文化资源的挖掘,重建集体的公共规范、社区认同与文化自信。② 但是作为新一轮国家政权建设的村庄合并的"形合神不合"造成了项目安排目标靶向的偏离,贫困地区治理单元的放大使精准管理难度加大,并且造成了精准扶贫的内卷化,同时村庄合并带来的政权再悬浮使贫困人口边缘化,合并中形成的动力差形塑了形式上的脱贫。③

其次,国家与民间组织的关系。一是民间组织的贫困治理行动是民间组织汲取各类资源并将其传递到扶贫对象的过程,主要形成了项目机制、市场机制两种扶贫资源传递策略。项目机制的运用表明了民间组织在分化发展的过程中扶贫资源传递的整合,以及民间组织与政府部门协同推进贫困治理的制度化和规范化。市场机制(社会企业)是民间组织扶贫行动的策略创新,对民间组织独立实施贫困治理具有重要意义。④ 二是农村草根民间组织发展伴随着农村制度变迁、市民社会发展和公共产品需求变化等轨迹,它们扎根于农村贫困社区,以促进贫困社区自我发展能力的增强,但在实际参与贫困治理过程中也面临着制度性与非制度性障碍、外部资源依赖和自身组织障碍。⑤

---

① 覃志敏、岑家峰:《精准扶贫视域下干部驻村帮扶的减贫逻辑——以桂南 s 村的驻村帮扶实践为例》,《贵州社会科学》2017 年第 1 期。

② 荀丽丽:《从"资源传递"到"在地治理"——精准扶贫与乡村重建》,《文化纵横》2017 年第 6 期。

③ 李博:《村庄合并、精准扶贫及其目标靶向的精准度研究——以秦巴山区为例》,《华中农业大学学报》(社会科学版)2017 年第 5 期。

④ 覃志敏:《民间组织参与我国贫困治理的角色及行动策略》,《中国农业大学学报》(社会科学版)2016 年第 5 期。

⑤ 黄承伟、周晶、程水林:《农村贫困治理中民间组织的发展及制约因素分析——以秦巴山片区 4 家草根民间组织的调查为例》,《农村经济》2015 年第 10 期。

三是在开展精准扶贫、实现精准脱贫的工作中，国家应该让村民自治组织通过自治管理方式展开。因此，在精准扶贫政策实施过程中提升村民自治能力不仅有助于乡村治理进程推进，更影响着精准扶贫工作的有效性。通过发展完善乡村治理过程中的基层民主，落实扶贫工作中精准识别、精准帮扶和精准管理等关键环节，促进乡村贫困户精准脱贫。[①] 四是以政府为主导的农村贫困治理，存在扶贫精准度不高、效率低下、难以应对文化贫困、扶贫资金财力不足和缺乏社会有效监管等诸多缺陷，而非政府组织由于其自身的优势恰恰能够弥补政府在农村扶贫中的这些不足，具有扶贫精准性强、效率高和公益性强等特点。提高非政府组织自身能力、处理好非政府组织与外部环境中相关者的资源依赖关系，是非政府组织参与农村贫困治理的必然选择。[②]

再次，国家与贫困群体的关系。贫困包含客体性贫困和主体性贫困。对于后者，传统的"父权式"和"保姆式"扶贫模式不仅难以有效应对，而且会强化其存在与发展的空间。[③] 贫困者在政府主导的反贫困治理体系中只是贫困客体，是被动的受救助者，贫困者对政策制定、资源分配、帮扶方式的确定都难以参与，导致部分贫困者和公众认为扶贫开发是国家的事，是公职人员的事，甚至出现贫困者坐等政府贫困救助、公众无心参与扶贫开发的窘境。贫困者只能被动地接受扶贫政策与资源的救助，并不能根据自身的诉求寻求"帕累托最优"的救助方式，这种贫

[①] 杨秀丽、徐百川：《精准扶贫政策实施中村民自治能力提升研究》，《南京农业大学学报》（社会科学版）2017 年第 4 期。

[②] 杨轶华：《非政府组织参与农村教育贫困治理研究》，《社会科学辑刊》2017 年第 1 期。

[③] 卫小将：《精准扶贫中群众的主体性塑造——基于赋权理论视角》，《中国特色社会主义研究》2017 年第 5 期。

困治理现状必然影响贫困治理效果。① 正因如此，在压力型体制中，各级政府都被动员起来，通过任务分解、责任到人、对口帮扶、驻村帮扶等机制，在扶贫中投入了大量的人力和物力，但是贫困户主体意识不强，参与不足，脱贫进展缓慢，一些地方政府为了扶持贫困户快速脱贫，采取揠苗助长的方式，实施一些短平快但缺少可持续性的项目，或者制造一些盆景式的发展典型，甚至出现数字脱贫和纸上脱贫的现象。② 所以，精准扶贫应该倡导一种赋权式的扶贫模式，通过自我赋权、个体赋权、团体赋权、组织赋权、社区赋权和政治赋权等塑造贫困群体的主体性。③

最后，国家与农村精英的关系。扶贫开发与乡贤治理具有相互塑造的效应，扶贫项目激活村庄获利空间从而为培育保护型精英提供经济和文化土壤，经济生产、社会关系和文化价值嵌入村庄社区的"中坚农民"，具有能力出众、熟悉本土情况、热心村庄公益事业等属性，他们有能力且有意愿在"政府－村民""市场－村民"之间搭建桥梁，在项目设立、项目落地、生产经营、帮扶带动方面有效推动精准扶贫。④ 在社会组织化较低和村民个体化的条件下，治理精英成为与政府合作推进扶贫工作、协调国家与社会关系的核心纽带。其原因在于：村庄内部人力、财力、文化等资源的匮乏使得普通村民群体难以肩负脱贫致富的重任，作为"弱者"，他们更愿意依赖治理精英来

---

① 季飞、杨康：《大数据驱动下的反贫困治理模式创新研究》，《中国行政管理》2017 年第 5 期。

② 王晓毅、黄承伟：《深化精准扶贫，完善贫困治理机制》，《南京农业大学学报》（社会科学版）2017 年第 4 期。

③ 卫小将：《精准扶贫中群众的主体性塑造——基于赋权理论视角》，《中国特色社会主义研究》2017 年第 5 期。

④ 耿羽、郗永勤：《精准扶贫与乡贤治理的互塑机制——以湖南 L 村为例》，《中国行政管理》2017 年第 4 期。

实现这一愿望；受到经济理性观念的影响，基层政府更信赖有声望、有发展能力的治理精英，富有治理精英的村庄因而更容易获取政府扶贫资源；乡村治理精英无论是个人禀赋还是社会资源相比一般村民都具有更多优势，在扶贫行动中他们更可能发挥核心作用。治理精英协作扶贫虽然在扶贫初期能够广泛调动社会资源、整合乡村社会力量参与扶贫，但是治理精英往往具有双重角色的冲突且治理精英参与扶贫具有脆弱性。[①]

（四）本书主要内容

本书以国家治理转型为理论背景，以国家与市场、社会的关系为分析框架，以精准扶贫为研究对象，重点分析了精准扶贫中的产业扶贫、村庄社会结构、贫困群体的亚文化现象与国家基层贫困治理能力等，试图探析中国向现代治理转型的阶段性特征。

1. 分析了产业扶贫的空间政治与贫困农民的前途之间的关系

当前，产业扶贫正在被当作集中连片贫困地区反贫困的必由之路。空间政治关注特定空间中的社会关系、权力控制、空间反抗和空间秩序等。在云南木村，国家通过产业扶贫对贫困农民进行致富习惯与意识形态的双重规训，但是参与产业扶贫的村庄精英、企业和贫困农民都从个体利益需求出发展开空间反抗，致使农村产业扶贫陷入"鼓动、投资—失败、退场—再鼓动、再投资"的反复折腾的怪圈。其中的原因是产业扶贫实

---

① 朱天义、高莉娟：《精准扶贫中乡村治理精英对国家与社会的衔接研究——江西省 XS 县的实践分析》，《社会主义研究》2016 年第 5 期。

践存在去市场化与市场化、空间表现与表现空间、时空分割与
时空压缩的矛盾关系。因此，精准扶贫要进一步拓展扶贫空间，
应该融入全国性的市场空间，保留贫困农民在城乡之间的互动
空间，着重解决贫困地区的空间剩余问题。

2. 探讨了亲属社会对精准扶贫造成的村庄社会结构困境问题

根据历史文化差异可以将中国村庄划分为南、北、中三种
社会结构类型：南方地区的宗族团结型村庄结构、北方地区的
小亲族分裂型村庄结构和中部农村的原子化分散型村庄结构。[①]
集中连片贫困地区的云南、贵州等少数民族聚居的村庄与其大
相径庭，在独特的迁移历史文化和独特的恶劣自然环境的蕴量
中，村民将姻缘关系与血缘关系、地缘关系充分整合于日常互
助、人情往来及节日庆祝等特殊的交往互动之中，形成了整体
性的亲属社会结构。亲属社会结构对精准扶贫产生了制约作用，
形成了以下矛盾：封闭性扶贫空间与开放性全国市场之间的矛
盾，村庄整体性结构与个体现代性行为之间的冲突，亲属社会
的确定性与精准扶贫的非确定性之间的对立。精准扶贫应对亲
属社会结构性困境的可能路向是要慎搞产业帮扶，要为贫困村
民提供响应市场的基础性条件，要利用亲属社会的结构优势将
村民组织起来，要增强贫困人口向现代转型的确定性。

3. 透视了贫困文化对精准扶贫造成的实践困境问题

自改革开放以来，区域瞄准是中国反贫困的重要策略。当
下 14 个集中连片贫困地区仍是精准扶贫的难点。问题的症结在

---

① 桂华、贺雪峰：《再论中国农村区域差异——一个农村研究的中层理论建构》，
《开放时代》2013 年第 4 期。

于当地贫困文化的象征符号、社会规范和价值观念等具有巨大的维持贫困生活方式的传统力量，对精准扶贫及其携带的现代主流文化形成包围和切割的阻碍困境。精准扶贫与贫困文化存在三组矛盾关系：扶贫经济与贫困文化的作用与反作用、"快扶贫－慢生活"的行动规范冲突和"理性－非理性"的价值观念冲突。因此，精准扶贫要与改造贫困文化同步进行，要放慢速度，突破贫困文化的传统社会规范，要做好义务教育与成人教育，阻断贫困文化的代际传递，培育贫困人口的现代理性精神。此外，精准扶贫还要关注贫困文化变迁中的文化震惊与文化堕距现象，防止贫困回流与社会失序或社会解组。

4. 讨论了精准扶贫中国家治理能力变化的问题

在贯彻落实精准扶贫政策中，国家治理能力具体表现为国家内部的统领能力、国家对社会的认证能力与规管能力、国家的再分配能力与整合能力等。在精准扶贫中，在政治动员与检查考核中增强了国家内部的统领能力；在制定市县劳动收入的统一标准、严格村庄民主评议、建构县乡两级干部双重交叉协作机制中，增强了国家对社会的认证能力与规管能力；在资源再分配中，回应了贫困群体的利益偏好，增强了国家的再分配能力与整合能力。整体而言，在精准扶贫中，国家治理能力呈现不断增强的趋势，但国家要注意正确处理中心工作与常规工作、政治动员的关系，有力规管村庄社会的越轨行为，通过教育村民来提高整合能力。只有如此，才能更好地推动国家治理能力的现代化。

5. 总结了国家治理现代化的想象与现实的矛盾关系

国家希望对贫困实现精准治理，但是无法抛弃长期以来的基层模糊治理模式，为了达到脱贫的预期目标，不得不使用运动式治理，以突破科层制或官僚制的治理限度。精准扶贫中，国家治理体系的现代化更多地体现在国家内部不同层级政府间扶贫治理体制机制的建构与完善方面，至于乡镇以下，在于将现代的精准治理与传统的模糊治理、普遍性的科层治理理念与中国特殊性的运动式治理实现有机结合，以共同提高国家的基层治理能力。

在国家与市场的关系中，国家居于主导性地位，市场在资源配置中不能起到决定性作用，主要是因为国家的不恰当干预。国家与市场应保持适当的距离，二者应该是相互补充关系，而不是相互替代或者相互竞争关系。在精准扶贫的产业扶贫中，面对巨大的政治压力与贫困地区的市场选择劣势以及贫困农户缺乏响应市场的基本能力，基层政府不得不动用行政体制的强制性功能，进入产业扶贫的微观经济领域。因此，国家应该减少体制压力对基层政府工作者的不当影响，从而减少基层政府工作者利用非市场规则引诱或强迫贫困农户致富的现象，以引导精准扶贫的产业扶贫中国家与市场各归其位。

国家与社会在治理中的合作呈现一种流变的结构。国家最终会将权力还给社会，但是这要取决于社会发展的程度与阶段，国家要根据实际情况，以适当的方式介入社会的发展之中，并承担公共事务的治理责任。在精准扶贫集中的贫困地区，村庄中往往还残存着"亲属社会"等传统社会组织，但是这些传统的社会组织方式只能解决传统的社会问题，对于新的现代问题有时显得力不从心，同时在合村并组的"全国式运动"中，村级行政组织的治理能力不断被弱化。所以，在精准扶贫中，国家介入乡村社会具有一定程度的合理性，要加强乡村基层行政组织的建设，使其成为乡村治理的核心力量，引导建立如老年协会、儿童关爱协会等现代组织服务现代社会发展带来的重要问题。

二 产业扶贫的空间政治

（一）产业扶贫的现状与既有研究

自精准扶贫以来，我国的反贫困再次取得了重大成果。党的十九大报告指出，"贫困发生率从百分之十点二下降到百分之四以下"。中国农村的反贫困策略经历了一个从区域瞄准向农户瞄准的发展过程，20 世纪 80 年代中期开始，中国的主要扶贫对象是国家或省确定的贫困县，2001 年开始将扶持的重点转向 15 万个贫困村，2013 年以来的精准扶贫要求精准帮扶 8000 多万贫困人口。但是 2011 年国家确定了 14 个集中连片特困地区；2015 年《中共中央　国务院关于打赢脱贫攻坚战的决定》指出，中西部一些省份贫困人口规模依然较大，贫困程度较深，减贫成本更高，脱贫难度更大；党的十九大报告强调，要"深入实施东西部扶贫协作，重点攻克深度贫困地区脱贫任务，确保到二〇二〇年我国现行标准下农村贫困人口实现脱贫，贫困县全部摘帽，解决区域性整体贫困"。可见，长期以来，区域瞄准与区域开发一直是中国农村扶贫的主要特点。[1]

当前农村扶贫，强调精准帮扶到户，甚至规定"两个 70%"

---

[1]　汪三贵、郭子豪：《论中国的精准扶贫》，《贵州社会科学》2015 年第 5 期。

政策，即"财政扶贫基金中 70% 要用于产业开发，产业开发项目资金具体使用中 70% 要直接到户"。产业开发式扶贫，是指大力发展和扶持贫困区域的特色产业，提升贫困地区群众的自身发展能力，促进贫困区域人口脱贫致富。[1] 中央明确提出，"十三五"期间通过产业扶贫实现 3000 万以上农村贫困人口脱贫。近年来有些贫困地区产业扶贫已经产生了效益，如广西百色种植芒果 115 万亩，建成全国最大芒果生产基地，已经使 6.8 万户 25.23 万人摆脱了贫困；赣南脐橙种植超 24 万亩，产值达 35 亿元，近 60 万农民因此脱贫致富。[2] 仅 2017 年全国又涌现了一些扶贫产业，如四川凉山 8 个贫困市县，推广农户及贫困户规模化种植油橄榄；湖南花垣组织十八洞村贫困户与苗汉子合作社合股，在村外流转土地 1000 亩，建设高标准猕猴桃基地。[3] 政策和部分实践似乎表明，产业扶贫是贫困地区全面建成小康社会的必由之路。

随着产业扶贫实践的持续深入开展，学者从不同理论视角开展了大量研究。从新结构经济学视角发现，产业扶贫应立足于当地的资源禀赋条件，充分利用自身的比较优势，政府要根据资源禀赋的动态变化，不断推动技术创新和产业升级，[4] 促进

---

[1] 王春萍、郑烨：《21 世纪以来中国产业扶贫研究脉络与主题谱系》，《中国人口·资源与环境》2017 年第 6 期。

[2] 《百色芒果喜成"脱贫果"助二十五万余人走上致富路》，中国网，http://news.china.com.cn/rollnews/news/live/2016 - 12/15/content_37496422.htm；张慧君：《赣南苏区产业扶贫的"新结构经济学"思考》，《经济研究参考》2013 年第 33 期。

[3] 参见《油橄榄走出大凉山 京东帮扶凉山州八市县连片扶贫项目启动》，国务院扶贫开发领导小组办公室网站，http://www.cpad.gov.cn/art/2017/8/25/art_35_68213.html；《湖南：今年产业扶贫将带动 100 万以上贫困人口增收》，国务院扶贫开发领导小组办公室网站，http://www.cpad.gov.cn/art/2017/1/13/art_5_58448.html。

[4] 张慧君：《赣南苏区产业扶贫的"新结构经济学"思考》，《经济研究参考》2013 年第 33 期。

第一产业中特色农业与第三产业中旅游产业的有机结合，从而有利于该区域走上低碳生态、全民共同脱贫致富的自生发展道路。① 从市场理论来看，现行市场化扶贫模式充分发挥了市场机制的作用，成功带动一些具有自我脱贫能力的农村贫困人口摆脱贫困，但是在帮助自我脱贫能力欠缺的弱势贫困人口脱贫方面存在一定的局限性，政府应最大限度地规范市场化扶贫主体企业的扶贫行为，保障产业扶贫项目的益贫性及其社会效应。② 从社会建设理论而言，贫困地区社会基础薄弱致使政府主推的产业扶贫项目实施效率偏低，因此，应把贫困山区的产业扶贫纳入社会建设，以社会建设巩固产业扶贫的基础，实现产业扶贫的可持续性。③ 从参与式治理视角探讨，政府、龙头企业、专业合作社、贫困农户等主体基于各自利益诉求具有不同的行为特征：在中央和地方"委托－代理"关系中，一些地方政府以打造"戴帽项目"和"亮点工程"来进行权力寻租；企业自身利益和社会责任难以兼顾；专业合作社对促进贫困农户增收有显著的正向作用，但贫困农户加入农民专业合作社的可能性很小；贫困农户初始资本不足、人力资本水平低，处于绝对弱势地位。④

---

① 周伟、黄祥芳：《武陵山片区经济贫困调查与扶贫研究》，《贵州社会科学》2013 年第 3 期。

② 李爱国：《基于市场效率与社会效益均衡的精准扶贫模式优化研究》，《贵州社会科学》2017 年第 9 期。

③ 王春光、孙兆霞、毛刚强等：《扶贫开发与社会建设同构——武陵山区扶贫开发与社会建设调研项目的发现与思考》，《贵州社会科学》2013 年第 10 期。

④ 黄文字：《产业扶贫项目主体行为及其运行机制的优化——基于 P 县"万亩有机茶园"项目的考察》，《湖南农业大学学报》（社会科学版）2017 年第 1 期；古川、曾福生：《产业扶贫中利益联结机制的构建——以湖南省宜章县的"四跟四走"经验为例》，《农村经济》2017 年第 8 期；李博、左停：《精准扶贫视角下农村产业化扶贫政策执行逻辑的探讨——以 Y 村大棚蔬菜产业扶贫为例》，《西南大学学报》（社会科学版）2016 年第 4 期；刘俊文：《农民专业合作社对贫困农户收入及其稳定性的影响——以山东、贵州两省为例》，《中国农村观察》2017 年第 2 期。

从个体利益最大化出发的主体间博弈，造成了扶贫"产业化"①、"精英捕获"与"弱者吸纳"②等不良现象，并且多元主体的互动参与常常异化为政府主导下的被动参与，这成为当前产业扶贫遇到的主要瓶颈。③

现有研究涉及经济学、社会学与政治学等学科视角。经济学视角主要关注贫困地区的资源禀赋与市场机制的作用，社会学视角看到当前社会发育不足对产业扶贫起到的阻碍作用，政治学视角则发现产业扶贫中各主体间的互动存在有限理性的局限。这些研究大多以实践经验为基础，抽象出产业扶贫背后隐藏的逻辑，为后续研究奠定了良好的基础。但是现有研究也存在一种缺憾，即忽视了贫困地区的村庄空间的性格，未能将国家、市场、社会及贫困农民间的博弈置于村庄空间政治场域中分析其特点，也未能将村庄空间与全国空间结合起来辩证分析产业扶贫中的矛盾及其解决之道。本书将在已有研究的基础上，以云南木村的产业扶贫实践为经验依据，从空间政治的理论视角，分析产业扶贫中国家、企业、专业合作社和贫困农户等主

① 所谓扶贫"产业化"意味着产业扶贫的资金、资源和项目变成了扶贫工作参与主体谋取个体或部门利益的资源和资产，且具有利益一致性的主体之间还形成了俘获产业扶贫资源的配合关系。参见邢成举《产业扶贫与扶贫"产业化"——基于广西产业扶贫的案例研究》，《西南大学学报》（社会科学版）2017年第5期。

② "精英捕获"是指条件相对比较好的"精英村庄"容易获得更多的扶贫项目和资源，而条件比较差又没有政治资源的贫困村容易被忽略。"弱者吸纳"是指在"责任连带"项目前提预设下，很多实力雄厚的公司由于不愿承担带动贫困户脱贫的责任而不会申请此类产业扶贫项目，反而是那些经营不太好的公司或者大户为了获得国家的相关扶植政策和资金才会申请该类项目，申请到产业扶贫项目的公司往往都是相对来说条件不太好的公司，缺乏应有的产业发展和带动能力。参见许汉泽、李小云《精准扶贫背景下农村产业扶贫的实践困境——对华北李村产业扶贫项目的考察》，《西北农林科技大学学报》（社会科学版）2017年第1期。

③ 胡振光、向德平：《参与式治理视角下产业扶贫的发展瓶颈及完善路径》，《学习与实践》2014年第4期。

体间的控制与反抗及其形成的空间秩序，并在此基础之上，将村庄产业扶贫的空间生产与中国特色社会主义市场经济空间和当前我国城市化进程中城乡互动的空间形态关联起来，厘清当前产业扶贫中的空间矛盾，指出建构理想的扶贫空间秩序以及贫困农户摆脱贫困的可能路径。

（二）作为表达社会关系的空间政治

马克思从生产力与生产关系的历史性发展视角，解释了人类对物理空间的改造或再生产的社会化形塑，[①] 重点关注生产，特别是物质生产，空间是各种生产、价值再造得以实现的、物质性的区域基础，是物质生产的器皿和媒介，其属性与意义依附于发生在其中的各种生产活动。[②] 马克思对空间的理解是一种自然化的空间理论，"经常在自己的作品里接受空间和位置的重要性，但是地理的变化被视为具有'不必要的复杂性'而被排除在理论分析之外"。[③] 直到 20 世纪中期，随着越来越多社会理论者的关注，空间才逐渐"浮出历史的地表"[④]。

空间之所以受到重视，是因为空间不仅仅是社会关系演变的、静止的容器或平台，[⑤] 空间本身就具有多方面的社会意蕴。在不同的社会理论家视角中，空间具有不同的物理范围，一个

① 胡潇：《空间的社会逻辑——关于马克思恩格斯空间理论的思考》，《中国社会科学》2013 年第 1 期。
② 狄金华：《空间的政治"突围"——社会理论视角下的空间研究》，《学习与实践》2013 年第 1 期。
③ Harvey D. , "The Geopolitics of Capitalism," in D. Gregory and Jurry（eds.）, *Social Relations and Spatial Structures*（London：Macmillan, 1985）, pp. 128 – 163.
④ 狄金华：《空间的政治"突围"——社会理论视角下的空间研究》，《学习与实践》2013 年第 1 期。
⑤ 包亚明主编《后现代性与地理学的政治》，上海：上海教育出版社，2001，序言：第 8 页。

工厂、一个社区、一个村庄、一座城市、一个国家……都可以看成一个空间，这些空间都是经过人类实践的空间，是人类创造的有意义的空间，是一种观看、认识和理解世界的方式，是"整个社会生态过程时空动态之中那些相对的'永恒'所具有的内在的、异质的、辩证的和动态的构型"①。在现代社会中，"空间在建立某种总体性、某种逻辑、某种系统的过程中可能扮演着决定性的角色，起着决定性的作用"②。空间与社会表现出了鲜明的互构性。"人们在空间中看到了社会活动的展开"，"社会空间是社会的产品"，对于社会关系的生产而言又是一种"工具性空间"。③格雷戈里说，对空间结构的分析，并不是社会结构分析的派生物或附属物，两者是相互依存的，离开社会结构，空间结构就不可能得到理论上的阐述，离开空间结构，社会结构就不可能得到实践，反之亦然。④这种空间与社会互构现象在理论与实践结合中的统一，具体由空间的社会化形塑和社会的空间化厝置展现出来，实现了空间从自然向社会、由物理向人文的让渡与转换，⑤在社会理论分析中实现了从空间分析的马克思主义化向马克思主义的空间化的转变。

空间总是由一种占据主导地位的权力话语体系试图加以控制。"讨论完整的历史，需要描述诸种空间，因为空间同时又是各种权力的历史。这种描述从地理政治的大策略到居住地的小

---

① 〔美〕大卫·哈维：《自然、正义和差异地理学》，胡大平译，上海：上海人民出版社，2010，第338页。
② 〔法〕亨利·列斐伏尔：《空间与政治》，李春译，上海：上海人民出版社，2015，第19页。
③ 〔法〕亨利·列斐伏尔：《空间与政治》，李春译，上海：上海人民出版社，2015，第21～24页。
④ 〔美〕爱德华·W.苏贾：《后现代地理学——重申批判社会理论中的空间》，王文斌译，北京：商务印书馆，2004，第88页。
⑤ 胡潇：《空间的社会逻辑——关于马克思恩格斯空间理论的思考》，《中国社会科学》2013年第1期。

战术。"① 空间是制度化的空间，是转化成实际权力关系的关键。空间中的权力话语体系具有如下特点。一是具有习惯性。布迪厄认为，空间是一个关系的体系，人们居于一定的社会空间会形成一定的个人地方感，并由此形成比较一致的惯习，惯习倾向于某种再生产策略，在于维持间隔、距离、阶级关系，也就是再生产出若干权力关系。② 二是具有强制性。从街区和建筑的设计都实现对人的管理和监视的社会事实中，福柯认为，现代国家通过规划空间赋予空间一种强制性，达到控制个人的目的，因此，现代政治学就是空间统治术或空间权力学。三是具有工具性。列斐伏尔认为，"空间是一种在全世界都被使用的工具"，是某种权力的工具，是某个统治阶级的工具，是一个有时候能够代表整个社会，有时候又有它自己的目标的群体的工具，比如技术官僚，因此，空间的表现始终服务于某种战略，它既是抽象的也是具体的，既是思想的也是欲望的、被规划的。③ 四是具有阶级主体性。马克思指出，资产阶级"按照自己的面貌为自己创造出一个世界"④。现代空间是资本主义的生产和再生产对象，"隐匿于幻想和意识形态厚厚的面纱中"⑤，空间被均质化和序列化，被刻意地分割和操控，空间成为资本

① 汪行福：《空间哲学与空间政治——福柯异托邦理论的阐释与批判》，《天津社会科学》2009年第3期。
② 文军、黄锐：《"空间"的思想谱系与理想图景：一种开放性实践空间的建构》，《社会学研究》2012年第2期。
③ 〔法〕亨利·列斐伏尔：《空间与政治》，李春译，上海：上海人民出版社，2015，第24页。
④ 胡潇：《空间的社会逻辑——关于马克思恩格斯空间理论的思考》，《中国社会科学》2013年第1期。
⑤ 〔美〕爱德华·W. 苏贾：《后现代地理学——重申批判社会理论中的空间》，王文斌译，北京：商务印书馆，2004，第77页。

主义社会的控制工具，施行一种隐形的、非暴力的统治。① 因此，空间中总是存在种种权力，并且优势权力总是居于统治或控制的位置。

社会空间既是阶级统治的重要工具，也是生产关系再生产的重要手段，所以它既是控制又是反抗的场所。在现代社会，空间显示为一种欺骗性的、制度的和意识形态的上层建筑，在社会历史实践过程中，造成了人的"非人"或异化现象，蕴含着巨大的矛盾和冲突，但是异化的统治并不能将日常生活彻底地吸收和同化，因为日常生活不仅是产品，同时也是剩余物，剩余的、不可还原的日常生活能够躲开所有制度化的企图。② 面对现代社会空间对人的异化，马克思认为："从最深层的意义上来说可以是一个积累策略，但它也是政治抵抗的场所。"③ 列斐伏尔认为，尽管面对着抽象空间的压制、剥夺、吸收、蔑视乃至忽视，而身体也的确可能在抽象空间的意识形态统治下陷入一种消极的状态，但身体依然具有一种不可彻底还原的反抗性。④ 即使身体屈从于资本积累的命令，也会要求得到公平公正的对待，争取劳动场所的尊严，争取适当的生活机会，争取最低生活工资，争取政治权利等最低限度的整治规划。⑤ 有时候日常生活中的反抗，更多的只是在每天看似重复的各种活动之中

① 冯雷：《当代空间批判理论的四个主题——对后现代空间论的批判性重构》，《中国社会科学》2008 年第 3 期。
② 郑震：《列斐伏尔日常生活批判理论的社会学意义——迈向一种日常生活的社会学》，《社会学研究》2011 年第 3 期。
③ 〔美〕大卫·哈维：《希望的空间》，胡大平译，南京：南京大学出版社，2006，第 125 页。
④ 郑震：《空间：一个社会学的概念》，《社会学研究》2010 年第 5 期。
⑤ 尹才祥：《大卫·哈维空间政治思想的四重维度》，《山西师范大学学报》（社会科学版）2014 年第 1 期。

发生的微妙的转换。①

空间秩序是一种道德秩序，体现了不同主体在空间中的合作、交换甚或强制。道德便隐现其中，影响着空间秩序的呈现。在某种程度上，道德是社会制度的需要。有时候道德性是由制度所定义的，有时候它在集体反抗制度的过程中产生，秩序是社会制度的互动建构出来的，是一种构成性秩序。构成性秩序离不开制度规范和价值的制定，道德也隐现在制度与互动之间。道德秩序并非仅仅强调是非对错的价值判断，而是体现为一种社会团结的合作与规范，在这种秩序中人们也自然习得应该或不应该的判断。道德秩序在构成性秩序生成的过程中渐渐形成。道德关系是个人同社会群体之间的关系、个人同个人之间的关系。然而，在市场经济发展中，道德规范发生了变化，甚至被摧毁了，出现"失范状态"，现代自由社会或后现代社会缺乏"道德生产力"，共同体遭遇持续腐蚀，个人理性与集体理性出现了两难困境，一方面是"看不见的手"在促成社会合作秩序，另一方面是"看不见的墙"在阻碍彼此合作，但社会秩序一旦遭到破坏，最终会再次得到重建。②

基于以上论述，本书中的"空间政治"作为一种分析框架主要关注的是，在具体的空间中，既存社会实践的空间有怎样的物理属性与社会属性，正在建构何种权力话语，存在怎样的控制与反抗，最后形成了怎样的空间秩序。进而言之，这一分析框架既要关注特定空间中的强势权力主体如何建构起一套话语和组织体系对其他主体的规训行为，又要关注被规训的相对弱势主体的反抗行动，并综合判断"规训与反规训"互动中形

---

① 郑震：《列斐伏尔日常生活批判理论的社会学意义——迈向一种日常生活的社会学》，《社会学研究》2011 年第 3 期。

② 黄晓星、郑姝莉：《作为道德秩序的空间秩序——资本、信仰与村治交融的村落规划故事》，《社会学研究》2015 年第 1 期。

成了怎样的空间秩序。本书研究云南木村精准扶贫实践中产业扶贫的空间政治问题，首先，具体分析木村的物理空间特点与人类实践过的空间的社会属性，从国家意识与利益再分配的视角研究国家在村庄社区开展产业扶贫的话语建构与规训，村庄精英、市场主体与贫困农民的博弈，以及村庄中产业扶贫的空间秩序问题；其次，深入分析产业扶贫的空间生产中存在哪些矛盾关系，对产业扶贫及贫困农民的发展造成了怎样的影响；最后，从空间再造的视角，提出化解产业扶贫的空间矛盾的策略，并结合当前国家经济社会发展的状况与阶段，指出贫困农民的前途所在。

（三）云南木村产业扶贫的空间生产

让大多数群众享受改革开放的成果，帮助贫困群众一起致富奔小康，实现共同富裕，是社会主义制度的必然要求和优越性所在。当前国家大力推动精准扶贫，不断推动扶贫产业的发展，都是紧紧围绕增加贫困农民的福祉，使贫困农民能够过上持续富裕而有尊严的日子，希望解决贫困农民的前途问题。但是当国家将共同富裕的意识形态通过产业扶贫渗透村庄社区空间，实现村庄社区空间的再生产时，遭遇了村庄精英、外来企业甚至贫困农民的个体理性的"反抗"，形成了一种意外的空间秩序。

在云南木村，自 2013 年省委组织部驻村开展精准扶贫以来，先后帮扶木村发展的产业有黑山羊养殖合作社、养鸡合作社、核桃基地、苹果基地以及种植魔芋、辣椒、生菜、白菜等20 多个大小不等的产业。木村持续开展产业扶贫实践的成功与失败相互交织的经验，为研究产业扶贫提供了纵深的时间感与开阔的空间感。

1. 木村空间：自然属性与社会属性的糅合

空间的社会性首先在于它是生产关系和社会关系的发生场所，更重要的在于其与社会历史实践的深刻关联，由于这种关联，空间是生成性的、历史性的、实践性的和生产性的。[①] 理解云南木村产业扶贫的空间背景时，要将木村的自然属性与社会属性相结合来分析，从而厘清产业扶贫的村庄基础。

木村距昆明 120 公里，距武定县城 42 公里，距镇政府 10 公里，到乡镇为柏油路，交通方便。土地面积为 40.36 平方公里，海拔为 2300 米，年平均气温为 12.30 ℃，年降水量为 1200 毫米。全村有耕地 1106 亩（其中水田 48 亩，旱地 1058 亩），人均耕地为 0.94 亩，主要种植小麦、玉米、生菜、马铃薯、大白豆等农作物和苹果、核桃等经济林木，养殖黑山羊、黄牛、壮鸡等。木村辖老坝、多福、半水、古枝 4 个自然村，10 个村民小组，现有农户 340 户 1209 人，少数民族（傈僳族、彝族）占总人口的 95.86%。村民文化水平整体偏低，截至目前大中专及以上文化程度者仅有 23 人。木村村民从 2015 年才开始大量外出务工，2017 年有 200 多人外出务工，以 80 后和 90 后群体为主，因文化水平偏低，难以找到固定工作，男性以苦力劳动为主，女性以在工厂流水线工作和餐饮业岗位等为主，一年约有 10 个月在省城昆明和县城务工。木村 2015 年农民人均纯收入为 2177 元，2017 年在册贫困户为 112 户 409 人。

木村村民的家计模式分为务工型、"半工半耕"型和纯农业型，其中务工型占 6.4%，纯农业型占 36.2%，"半工半耕"型占 57.4%。务工型家庭全家进城，家庭成员有较为稳定的职业，能

[①] 高德胜：《空间向度的历史审视与当代资本主义的空间政治》，《社会科学战线》2014 年第 5 期。

够承担城市的日常生活与家庭再生产的开支，已在城内购房。纯农业型农户主要种小麦、玉米、白菜、核桃和花椒等，并养牛、羊、鸡等牲畜。"半工半耕"型又可分为两类：代际分工的模式，即年轻夫妇外出务工，老年人在家务农和带孙子孙女；代际分工加夫妻分工的模式，即年轻媳妇留在家中带小孩、做家务，父母下地干农活、放牧牛羊，年轻男子外出务工。

被村民实践过的木村空间隐藏着以下几个特点。一是高海拔空间，物产贫乏。木村的小麦收成只有低海拔地区的一半左右，木村农民要耕种两倍面积，付出双份劳力与化肥等成本，才可以得到山下农民等量收获，而木村的人均土地比全国平均水平还要低，因此，村民普遍比较贫穷。二是在村庄空间内，传统的种植养殖与维持家庭内部的循环经济模式。木村的主要粮食作物小麦和玉米并不会流入市场进行交换，而是用于家庭内部人畜禽的消费。牛羊一般按自然的繁殖规律喂养，只是在家庭急需用钱时才会出售。因此，家庭的变现率极低。三是村庄空间与外部空间开始建构起联系。木村村民大量外出务工的时间是 2015 年，因文化素质与专业技能水平比较低，基本上找不到相对轻松和报酬较高的工作，但是他们在城乡空间之间的往返，给木村带回了大量现代的生活方式与价值观念。四是村庄空间仍是村民最为重要的生活空间。因融入城市的能力有限，不能在短期内实现家庭的城市化，养老与家庭再生产，仍需在村庄内部完成，所以村庄内原有的生产生活方式以及人与人之间联系的"亲属社会"① 结

---

① 在分析中国农村的区域差异时，贺雪峰认为，从村庄社会结构上看，有三类相当不同的村庄，即以江西宗族村庄为代表的团结型村庄，以皖北小亲族村庄为代表的分裂型村庄，以湖北荆门为代表的分散型村庄（参见贺雪峰主编《华中村治研究：立场·观点·方法（2016 年卷）》，社会科学文献出版社，2016，第184页）。近两年在云南、贵州等西南省份调查发现，因特殊的山区地理在空间上的区隔与生活生产对互助的需求，自然村寨内部往往会因姻缘、血缘关系建构一个纵横联合的具有整体性特点的亲属社会。

构，仍是村民实践的重要结果与媒介。

2. 空间控制：权力与规训

任何新的国家和政治权力都会以它自身的方式去分割空间，并提供一套关于空间以及空间中的事物和人的话语。因此，抽象空间并不外在于权力，空间的生产在一定程度上也是一种主导权力的生产，抽象空间是在政治上居于支配地位的权力的工具。① 当产业发展以精准扶贫的话语进入村庄社区空间时，国家就在村庄社区中实现了主导权力的生产，只是这种权力的生产隐藏于产业扶贫的形式之中。

木村产业扶贫的直接动力来自乡镇和省委组织部的驻村工作队。乡镇与驻村工作队主要从产业扶贫的话语体系与组织体系的双重建构来实现空间权力的生产。话语体系建构体现在两个方面。首先，将产业扶贫融入精准扶贫的宣传之中。乡镇和驻村工作队除了不断宣传国家的精准扶贫政策外，还在 2017 年上半年提出"以打赢脱贫攻坚战为统揽，切实加快转变农村经济发展方式，着力构建宜业宜旅宜居新农村"的口号，将精准扶贫与发展方式、新农村建设关联起来。其次，在木村村委会院墙及公路两旁显眼的地方，到处刷着精准扶贫的标语。例如，"全党动员，全民参与，奋力夺取扶贫攻坚的全面胜利"；"创新扶贫机制，助推产业发展"；"到户扶贫强基础，金融扶贫兴产业"；"精准扶贫到户，发展产业脱贫"；等等。这些话语在村庄社区空间的传播与扩散，建构起在村庄开展产业扶贫的正当性与合法性，确立起乡镇与驻村工作队作为村庄发展的主导者的角色。产业扶贫建构了双层组织体系，一层是"乡镇主要

---

① 郑震：《空间：一个社会学的概念》，《社会学研究》2010 年第 5 期。

领导－乡镇扶贫办、村委会－乡镇驻村帮扶干部"的组织体系，主要承担各种科层体制内部的精准扶贫工作的上传下达及落实；另一层是"省委组织部－驻村工作队、村委会－省委组织部帮扶干部"的组织体系，主要通过省委组织部与帮扶干部掌握的资源，具体帮扶贫困户。两层组织体系使在村庄中开展产业扶贫有了正当的权力来源，并积累了权力势能，就能够尽可能地消除种种阻碍因素，推动村庄空间内产业扶贫的运转。

产业扶贫的话语体系与组织体系建构起来后，乡镇与省委组织部驻村工作队在村庄空间内通过落实产业扶贫来帮助村民，在木村的"挂包帮、转走访"中，共有 139 户贫困户得到帮扶，除 1 户民政兜底外，其余都要扶持种植经济作物、养殖牲畜等。木村的产业扶贫主要有两种方式：散户种植养殖和以合作社或企业为核心将村民组织起来进行种植养殖。散户种植养殖主要是动员贫困户自行种植养殖。在帮助贫困户上，除了帮扶干部上门帮助其分析发展路径外，还采取经济刺激措施，每户贫困户符合一定的标准就奖励 5000 元的发展资金，使其养成想办法发展家庭生产和提高家庭收入的习惯，从而摆脱贫困状态。关于鼓励农民参与合作社或与企业合作方面，据不完全统计，木村自实施精准扶贫以来，比较有影响的有 7 项合作社或"企业＋农户"的产业扶贫（见表 2－1），有黑山羊养殖合作社、养鸡合作社、核桃基地、苹果基地、辣椒基地、白菜种植等。在这些合作发展中，国家希望引导村民形成一些意识：合作起来才能够找到发展方向，才可以形成规模效应，才可以赢得市场，才可以规避市场风险，才可以实现共同富裕等。

在木村的产业扶贫中，通过话语体系与组织体系的建构，乡镇与省委组织部驻村工作队建立起在木村发展产业扶贫的权力正当性与权力网络结构，扶贫干部进村入户，动员贫困户以

表 2 - 1　云南木村产业扶贫项目发展情况统计

时间	项目名称	责任人	责任人投资	其他投资	发展方式	发展状况
2014年	黑山羊养殖合作社	村书记老婆是理事长	20万元	省委组织部提供给村集体的发展资金入股20万元	个人养殖、村集体入股分红	规模不断缩小
2013年	养鸡合作社	李红、张福、老坝自然村书记：普光；方磊	建养鸡场，大约要2万元	省委组织部投20万元，其中10万元用于建设变压器，10万元每户补贴2.5万元	分开养殖，统一销售	只有张福在坚持
2012年	核桃基地（150亩）	老坝自然村（50亩）与部分村民（100亩）	主要是出劳动力	省委组织部到省林业厅争取了10万元	集体供苗、个人种植管理	村集体的50亩地因没有管理，长势不好，打算拆包给村民
2013年	村集体魔芋基地（26亩）	村干部	请人工种及日常管理	《云岭先锋》杂志社支援7.5万元	村集体请人种植	只种了一年，雨大烂掉一些，挖回来后价格不高，无法销售，全烂掉了
2015年	辣椒基地（20亩）	公司＋农户	农户出劳动力与土地	公司负责提供苗子、肥料和销售	农户负责种植收获、公司负责销售	因市场供过于求，公司压低价格，且对质量要求苛刻，只搞了一年
2012年	白菜种植（80亩）	农户（张福试种1亩成功后推广）	农户出劳动力与土地	省委组织部驻村第一书记鼓励	农户种植、商贩收购	发展良好。苗产高，不低于0.5元/公斤，都赚钱
2015年	苹果基地	公司＋农户	老坝自然村20户农户种植、管理、采摘	公司老板负责提供化肥和三通（水电路）投入100万元	农户种植，公司收购，四六分成	农户不管理，老板不投资了

散户与合作两种方式发展种植养殖，以此培育农民劳动致富、合作致富的致富意识，达成国家引导贫困户一起实现全面建成小康社会和共同富裕的共识，从而实现对木村的空间控制。

3. 空间博弈：利益与矛盾

空间既是统治的工具，也是反抗的工具。在后现代条件下，空间不再是抽象的、同一的秩序，而是由多元的、异质的关系构成的，人们不断地挑战、质疑、改写现实。[①] 在木村产业扶贫中，国家对村民的规训是同质化的，但是在产业发展中利益主体是多元化与异质化的，从而造成了利益矛盾，在村庄空间中发生了不同主体之间的博弈。

首先，村庄精英的空间博弈。如何才能获得可观的比较性收益是村庄精英进行空间博弈的判断依据。在产业扶贫中，村庄精英围绕比较性收益往往采取如下方式。一是套取项目资金。当他们发现国家在村推广的扶贫产业获利空间狭窄时，往往会采取假合作，等到产业扶贫补贴资金到手后，就甩手走人。比如，4 家养鸡合作社，当 2.5 万元补贴到手后，其中有 3 家关闭了养鸡场，关闭原因是高山区，温度低，鸡的生长速度慢，消耗大，利润有限。二是改变合作社的实践形式。本来合作社需要有一定数量的村民参与，并有必要的合作与利益分享，但是木村的黑山羊养殖合作社与养鸡合作社，在表册上，村民都有参与，而实际上其与村民没有任何合作，也没有分享任何利益。原因是合作存在"囚徒困境"，村庄精英很难组织社员将合作社的利益最大化，合作社很难长期存在，但是基层政府又要完成任务，于是在村庄精英与国家的博弈过程中，就出现了"表

---

① 沈学君：《西方社会科学研究中的新领域：空间政治》，《福建论坛》（人文社会科学版）2013 年第 10 期。

册上的合作，事实上的单干"的假合作社。三是向乡镇与省委组织部驻村工作队诉苦，要求帮助解决资金、销售等经营中的困难。例如，木村书记就经常向扶贫干部说，以前有家产60万元，自从当了村书记，不能做生意了，特别是他老婆办了养羊合作社后，每月贷款利息都要还好几千元，年底还要给村集体分红两三万元，但是黑山羊近几年销路一直不好，一直亏损，使他家成了贫困户。后来驻村干部帮助他在昆明找了一个销售黑山羊的摊点，并且将村集体投入的20万元的分红减掉了一半。

其次，村民的空间博弈。村民对于产业扶贫也甚为敏感，常常有三种应对方式。一是在产业发展上不敢贸然行事，不敢先行先试，总是要看到村庄精英已经将产业发展起来了，已经赚到了钱，才敢跟进。此种应对增加了市场风险，当村庄精英已带头将产业发展起来，然后村民再大批跟进生产出大量的产品，往往会超过市场的需求，无钱可赚。二是消极参与，偷工减料，不按正规程序与要求做产业。村民常常过于计较个人收益，不懂合作，不懂与老板谈判，最后因小失大，造成产业发展受挫。比如，昆明有位商人在木村投资建苹果生产基地，村里出土地和劳力，商人出资修建道路、购买肥料等，收获后四六分成。但是后来村民在商议后觉得按此分成村民比较吃亏，于是联合起来，在日常管理中玩假，施肥除虫等不做到位，造成苹果挂果不多质量不高，老板只好停止投资。三是找村两委和扶贫干部发泄不满。扶贫产业刚发展时，产品价格往往比较高，但是等到产品上市时，常常会供过于求，产品出现滞销。木村外来企业与村民签订合同种植辣椒，收成不错，但是价格太低，企业无法全部回收辣椒，种植辣椒的农户基本上都亏损了，于是一些农户将辣椒背到村委会，倒在村委会办公室内，要求村干部解决问题。

最后，企业的空间博弈。扶贫产业本来是带有公益性的，是国家对贫困农民的关心与帮扶，但是企业是要追求利润的，如果没有利润，企业就不愿意承担社会责任。企业在参与木村的扶贫产业时，如果市场不景气或者村民不合作，就会立即停止合作，而不顾先前的合同约定。比如，木村的辣椒产业，当年辣椒产量不错，质量也不错，但是市场供过于求，企业如果按照合同收购，无法赢利，于是只收购少量质量好的辣椒，而完全不顾当初全部回收的协定。从昆明来投资苹果基地的老板，在看到村民不满意分成比例，疏于日常管理，无法生产出高质量的苹果时，马上停止供应肥料和公共产品。

4. 产业扶贫的空间秩序

空间秩序是一种道德秩序，但是受到利益格局与权力结构的深刻影响。[①] 空间各主体的理性无法统一时，就会形成种种冲突。在木村产业扶贫中，乡镇与省委组织部驻村干部、村庄精英、贫困农民和企业等主体都根据自己的理性而采取策略行动，在相互博弈中形成了一种特殊的空间秩序。

乡镇和驻村干部通过话语体系与组织体系的建构，在村庄中建构起产业扶贫的道德形象与行动能力，然后采取策略对贫困农户进行规训，即通过发动贫困农民以散户、合作社或者"企业＋农户"等形式搞种植养殖，从而增加贫困农户的家庭收入，使其最终摆脱贫困。省委组织部在木村的驻村第一书记说，搞产业扶贫要讲情怀。确实，国家及具体工作人员都站在帮扶贫困农户过上小康生活的道德高位，希望建构起一种国家帮扶引导、村庄精英和企业带动、贫困农户积极

---

① 何兴华：《空间秩序中的利益格局和权力结构》，《城市规划》2003 年第 10 期。

参与奋斗而致富的空间秩序。但是村庄精英、贫困农户与企业都从个体理性的角度来考虑与认识产业扶贫，并采取策略行动。村庄精英并不想带领贫困农户共同富裕，只希望先致富，于是采取办假合作社、套取资金和向乡镇或驻村工作队诉苦等行为措施。企业的行为也主要受利益驱动，当发现扶贫产业生产的产品无法满足市场的质量要求或者恰逢市场上供过于求时，就会停止合作，而不顾当初的任何约定。村庄内的贫困农户也从个体利益出发，因害怕损失而不敢参与产业，等到村庄精英成功后再参与，当发现与企业利益分配比例不合理时，则搞小动作，从而降低了产品的质量，当亏本时就找村干部和扶贫干部发泄不满。正因如此，自 2012 年以来，木村前后搞了二十多个扶贫产业，大多以失败告终，没有培育一个能够持续产生效益的规模产业。

这些主体间的博弈形成了木村扶贫产业的一种特殊的空间秩序：国家、村庄精英、企业和贫困农户共同参与的扶贫产业具有非稳定性，往往还没有等到贫困农户受益，就失败了，但是国家围绕扶贫会再推动发展其他产业，最后农村产业扶贫进入了一个"鼓动、投资—失败、退场—再鼓动、再投资"的反复折腾的怪圈。显然，事实的空间秩序与希望建构的空间秩序之间存在很大的差距。国家希望在产业扶贫中建构一种多主体合作起来帮助贫困农民实现共同富裕的道德秩序，在这种秩序中帮扶贫困农民具有道德优先性，但是实践中，多方主体都从自己的利益出发，表现为理性优先性，而且当扶贫产业生产出的商品进入市场后，要受市场供求关系的影响，表现为市场优先性。最后，实践中理性优先性和市场优先性完胜了"不实际"的道德优先性。

（四）产业扶贫空间政治中的矛盾关系

"空间不仅是发生冲突的地方，而且是斗争的目标本身。空间是一种政治和政治的生产。"空间的政治化意味着一个社会关系的重组与社会秩序的建构过程。因此，空间不仅具有逻辑结构，而且是一个动态的过程。[①] 从空间政治的视角而言，产业扶贫就是通过国家介入的方法，解决三十多年来市场经济选择性发展使部分农民因种种原因没有抓住市场机会而陷入贫困的问题，而采取的措施是营造出一种特殊的空间表现，在分割时空中发展去市场化的产业来帮助贫困农民致富奔小康，但是遭遇了表现空间、时空压缩和市场化的破坏，产业扶贫陷入矛盾关系中，难以达到预期的效果。

1. 去市场化与市场化的矛盾

自改革开放以来，我国进入"市场转型"的历史时期。这场"市场转型"是一个在全世界几乎所有曾经建立了现代国家干预主义体制的国家中普遍发生的事情。[②] 关于市场化与去市场化的争论在学术界常常发生，波兰尼认为，纯"自我调节的市场"隐含着一个荒凉的乌托邦，对社会中的人和自然物质构成毁灭作用。但诺思认为，"现代灾难之基础"并非"自我调节的市场"，而是不受限制的权利，是在大转型或新社会体制运行中权利或自由一段时间内在部分人那里未获必要的、有效限制

---

① 沈学君：《西方社会科学研究中的新领域：空间政治》，《福建论坛》（人文社会科学版）2013 年第 10 期。
② 谢立中：《迈向对当代中国市场化转型过程的全球化分析——一个初步论纲》，《求实》2016 年第 2 期。

的事实。① 其实，这两种理论都存在一定的合理性，比较理想的是既要保护市场作为一种激发社会良好运转的机制，又要限制市场可能对社会造成的不良影响。

木村产业扶贫的空间生产过程中也存在市场化与去市场化的矛盾，主要体现在两个方面。首先，扶贫产业生产组织的去市场化与产品的市场化。木村发展的扶贫产业是乡镇与驻村干部完成精准扶贫任务的"积极行政"。从某种意义上说，扶贫产业是国家对市场的干预，是为了保护最贫困最底层农民达到小康生活水平的权利。但是扶贫产业只能根据村庄空间的资源条件来确定，大多只能在蔬菜、水果、树木等的种植和牛、羊、猪、鸡、鸭等的养殖上做文章。中国农村地域非常广阔，贫困地区也非常多，仅集中连片贫困地区就有 14 个，这样就容易造成相对单一的农业产业在全国各地到处开花，当产品一起进入市场后，肯定会供过于求，最后就可能会造成"赔本赚吆喝"的结局。省委在木村的驻村第一书记无奈地说，近几年前后组织村庄精英和贫困农户搞了 20 多个产业，但大多数以失败而告终，在贫困地区发展产业真的很难。其次，村民流动的去市场化与劳动力的市场化。木村自 2015 年才兴起外出务工潮，现已有 200 多名村民在外务工，也就是说，木村的劳动力正在融入全国的劳动力市场。虽然木村劳动力素质不够高，绝大多数不能从事相对高端、轻松、报酬多一点的工作，但是大量进入中低端报酬一般化的工种，相比在木村务农来说，还是获得了可观的比较性收益（经济收入的增长与现代意识的增长），这是一种市场化发展带来的进步。但是产业扶贫入村后，因为主要劳动力大量外出，留守的老弱病残无法达到产业发展的智力、

① 王水雄：《"为市场"的权利安排 VS."去市场化"的社会保护——也谈诺思和波兰尼之"争"》，《社会学研究》2015 年第 2 期。

体力的要求，所以需要将外出务工的村民拉回村庄。驻村工作队的干部和村干部均认为，当前扶贫产业发展最重要的问题是村庄能人的外流。他们准备想办法将外出的村庄精英召回村庄来发展扶贫产业。但是这种限制村庄精英外流的做法是一种劳动力的去市场化，必将对木村产生重要影响。

木村扶贫产业生产组织的去市场化与扶贫产业生产的产品最终必须市场化、扶贫产业发展限制村庄剩余劳动力流动的去市场化与全国农村剩余劳动力的市场化是当前产业扶贫的空间政治中的重要矛盾关系。进一步而言，就是保护贫困农民的权利并希望给他们提供有前途的产业扶贫的制度安排与国家社会主义市场经济体制存在对立冲突关系。因此，处理好贫困农民的权利与国家整体上的市场经济之间的关系是做产业扶贫的前提条件。市场既可能是"撒旦的磨坊"，也可能是"上帝的礼物"，关键要看寓于其中的权利的确立、限制是否妥当，以及交易成本是否在现实可能性的限度内做到了足够低。[①] 所以产业扶贫所要保护的贫困农民的权利必须有限制地融入市场，而不是与市场相对冲突，如此才可能真正为贫困农民找到可靠的前途。否则，产业扶贫只能是一种机会主义，会打乱、损害贫困农民的发展路径。

2. 空间表现与表现空间的差异

空间的形象只不过是特定社会组织形式的投射，由此人们才可能在空间中安排具有不同社会意义的事物。空间表现属于社会空间的被构想的维度，是一个概念化的空间，属于生产关系及其秩序的层面，体现了统治群体所掌握的知识、意识形态

---

① 王水雄：《"为市场"的权利安排 VS. "去市场化"的社会保护——也谈诺思和波兰尼之"争"》，《社会学研究》2015 年第 2 期。

的表象化作用及其介入并改变空间构造的实践影响，是一个表象统治者的利益和存在的空间。表现空间是一种直接经历的空间，意味着对批判和反抗空间表现的空间真理的亲身体验。与空间表现主要偏好于理智上所建构的语言符号系统不同的是，表现空间更倾向于或多或少一致的各种非语言的象征和符号系统。① 简单言之，空间表现就是政府和精英自上而下支配和控制的空间，表现空间则是指不同的社会群体使用和生活的空间，② 两种空间常常表现出不相适应的张力。

在木村产业扶贫的实践中，也存在空间表现与表现空间的矛盾。与资本主义国家在空间表现中以利益为核心话语不同，我国是社会主义国家，自改革开放以来，在空间表现中多以发展为核心话语。在产业扶贫中空间表现以共同富裕为核心话语，既要帮助贫困农户找到发展的路径与精准施策，又要注重帮助贫困农民提升可持续发展的能力，防止返贫，在 2020 年全面建成小康社会之际，实现全国贫困农民的整体脱贫。在精准扶贫实现共同富裕的话语中，有两点特别重要：一是特别重视产业扶贫，每年扶贫资金的 70% 要用于产业发展，因此，可以说，国家有一个基本的判断，即通过发展扶贫产业可以实现贫困农民致富，引导贫困农民参与产业发展是贫困农民的前途所在；二是隐藏着社会主义意识形态的宣传，即张扬以促进人的自由全面发展为内核的社会主义核心价值观。③ 当前的产业扶贫就是要促进贫困农民的发展，要让贫困农民平等分享改革开放的成果，并赋予贫困农民实现共同富裕的权利。综合而言，国家建构的产业扶贫的空间表现就是通过产业扶贫帮助贫困农民实现

---

① 郑震：《空间：一个社会学的概念》，《社会学研究》2010 年第 5 期。
② 黄耿志、薛德升：《1990 年以来广州市摊贩空间政治的规训机制》，《地理学报》2011 年第 8 期。
③ 尹怀斌：《社会主义意识形态与核心价值》，《思想理论教育》2008 年第 21 期。

共同富裕，促进其进一步发展。

但是当这种构想的话语体系进入具体的村庄进行空间实践时，不同社会主体因利益不同，在同一空间中发生了持续的博弈。产业扶贫涉及乡镇与驻村工作队、村庄精英、企业和贫困农民等主体间的互动。乡镇与驻村工作队执行国家的政策，从共同富裕出发大力推动农村产业发展来帮扶贫困农民脱贫，但是村庄精英只愿意"带头致富"而不愿意"带领致富"，更为让人担忧的是有时只以发展扶贫产业的名义套取国家的扶贫资金，企业首要关心的是利润，次要才关心帮助贫困农民致富的社会责任，贫困农民希望能够致富，但因各种资源缺乏、能力贫乏，常常担心参与产业发展是否会成功，担心比较性收益不稳定或不够高，所以一般不敢或不愿意参与产业扶贫。因此，国家以产业扶贫实现共同富裕来建构村庄的空间表现，村庄精英、企业和贫困农民则根据自己的利益需求采取行动，最后表现空间就是精英俘获、产业失败、贫困农民无法获得稳定的利益收入与反复折腾等现象交替或共存的产业发展现象集合体。

在村庄内部的产业扶贫，国家的空间表现与各主体共同使用村庄空间从而改造后形成的表现空间之间的巨大差异，至少表明空间表现中通过产业扶贫来帮助贫困农民致富、实现全社会共同富裕的技术路径存在一定的问题。那么，如何促进贫困农民的进一步发展与维护贫困农民的权利就需要重新审视与规划，以让空间表现与表现空间能够相向而行，缩小差距，从而达致精准扶贫的目标，最后实现共同富裕。

3. 空间分割与时空压缩的矛盾

时空压缩是研究全球化的概念。"资本主义的历史具有在生活步伐方面加速的特征，而同时又克服了空间上的各种障碍，以至世界有时显得是内在地朝着我们崩溃了。"① 时空压缩在时间维度上表现为"现存就是全部",在空间维度上表现为地球村的出现。② 不过时空压缩可能不限于全球化问题,还可以将时空压缩用来分析现代国家内部的结构问题。改革开放以来,我国从计划经济快速地转化为市场经济,从农业社会急骤地转化为工业社会,并且在对世界的开放中,后现代社会也开始影响我国。这样,我国就呈现传统性、现代性与后现代性大汇集的状态,不同时代的特征都挤压在一起,形成了时空压缩。而且,传统性、现代性和后现代性这三个不同时代的东西压缩在一起,并不能简单地被取代和否定,必须把这三个本来相互冲突的东西协调和融合起来。③

木村的产业扶贫希望通过"三维权力结构",即国家、企业和劳动力三者在村庄空间内部的联系与互动,④ 建构起一个帮助贫困农民摆脱贫困实现共同富裕的组织架构体系,并且希望能够保障贫困农民有一个过上富裕日子的美好前景。哈维认为,这种组织与技术的创新推动形成规模生产是"福特主义"积累体制,这种体制的特点是现代性的产物,在后现代看来,显得相当刻板。这种刻板不能适应后现代社会的时空压缩,不能适应后现代社会的劳动过程、劳动力市场、劳动产品和消费模式的灵活性。木村的产业扶贫实践深陷"三维权力结构",不断根据本地的自然与人力资源禀赋在产业发展的组织与技术上进行创新。这种做法是想通过营造一个具有延续性和稳定的

① 〔美〕戴维·哈维:《后现代的状况——对文化变迁之缘起的探究》,阎嘉译,北京:商务印书馆,2004,第300页。
② 冯建辉:《哈维的"时空压缩"理论浅析》,《唯实》2010年第7期。
③ 景天魁:《时空压缩与中国社会建设》,《兰州大学学报》(社会科学版)2015年第5期。
④ 冯建辉:《哈维的"时空压缩"理论浅析》,《唯实》2010年第7期。

村庄空间结构来应对具有非连续性、断裂性和风险性的更大的空间社会。换种说法，木村的产业扶贫是想创造一个稳定的与外界相对分割的空间，在这个空间中国家通过创新技术来组织资本与劳动力帮助贫困农民开展持续致富。但是这种空间分割与当前时空压缩是相矛盾的，是希望用一种相对传统的方式解决已经被后现代所侵入和深刻影响的村庄空间的贫困治理问题。可见，在木村的产业扶贫实践中，传统、现代与后现代之间没能找到一个恰当的结合点，没有完全实现融合。① 这可能正是产业扶贫陷入做一个死一个的循环怪圈的原因之一。

时空压缩影响着整个社会的经济、阶级、文化和日常生活，缩短了生产、交换和消费的周期。② 当前，"在福特主义大规模生产之下所追求的规模经济，已经遭遇到日益增加的小批量廉价制造各种商品的生产力的抗衡"③，因此小批量生产可以其特有的灵活性满足更大范围的瞬息多变的市场需求。④ 乡镇与省委组织部驻村干部要在木村的产业规模上动脑筋，并且总希望能够在木村空间内建成稳定的可持续的大规模产业，但这种做法忽视了木村早已与全国压缩成一个共同时空的现实。不从时空压缩的角度设法满足全国瞬息多变的市场空间，一味地在时空分割上做文章，木村的产业扶贫就不可能成功。

① 景天魁：《时空压缩与中国社会建设》，《兰州大学学报》（社会科学版）2015年第5期。
② 郭庆松：《时空压缩下的我国人力资本积累》，《上海市经济管理干部学院学报》2009年第4期。
③ 〔美〕戴维·哈维：《后现代的状况——对文化变迁之缘起的探究》，阎嘉译，北京：商务印书馆，2004，第200～201页。
④ 冯建辉：《哈维的"时空压缩"理论浅析》，《唯实》2010年第7期。

（五）空间拓展与贫困农民的前途

马克思指出，"现代的历史是乡村城市化"①。世界性的造城立市运动伴随大机器工业生产力的发展不断推进，农村集镇化，集镇城市化，城市都会化。② 从马克思的社会时空理论来看，空间贫困地区的症结在于其自然空间难以转化为社会空间，贫困人口的症结在于其自然、生理时间难以转化为社会时间。当前，我国要顺利推进精准扶贫战略，就必须实现时空转化，着力拓展贫困地区的社会空间，着力充实贫困人口的社会时间，着力解决劳动能力缺乏者的社会时空问题。③

1. 将产业扶贫融入全国性的市场空间

中国从计划经济体制到市场经济体制的转型，堪称"历史上最为伟大的经济改革计划"，这一切都发生在中国共产党领导下的中国，并非有目的的人为计划，而是"人类行为的意外后果"④。市场经济一旦建立就自发地起作用而不容外界干涉，利润没有任何保证，但是商人必须通过市场获取利润，价格必须被允许自我调节。⑤ 到 20 世纪 90 年代中期，市场机制已经实实在在成为中国经济中的重要惩戒机制，企业被迫改进自己的产

---

① 《马克思恩格斯全集》第 25 卷，北京：人民出版社，1974，第 880 页。
② 胡潇：《空间的社会逻辑——关于马克思恩格斯空间理论的思考》，《中国社会科学》2013 年第 1 期。
③ 童星、严新明：《论马克思的社会时空观与精准扶贫》，《中州学刊》2017 年第 4 期。
④ 〔英〕科斯、王宁：《变革中国：市场经济的中国之路》，徐尧、李哲民译，北京：中信出版社，2013，序：第 1 页。
⑤ 王水雄：《"为市场"的权利安排 VS. "去市场化"的社会保护——也谈诺思和波兰尼之"争"》，《社会学研究》2015 年第 2 期。

品以吸引消费者，而不是努力培养和政府之间的关系。^① 所以，当前贫困地区的产业扶贫必须与全国性的市场经济对接起来，并且不能违背市场的规律。

在木村的产业扶贫实践中，国家希望建构起一种有利于贫困农民共享改革开放成果的道德秩序。当然，建立这种道德秩序肯定具有合理性，但是如果仅仅依靠道德与情怀，而忽视市场规律来建构产业扶贫的空间秩序，最终肯定要受到市场的惩罚。所以不能在道德与情怀的刺激下盲目上马各种产业扶贫项目，而要从全国市场来考虑到底如何开展产业扶贫。从木村的实践来观察，贫困地区的产业扶贫要注意从两个方面来考虑市场因素的影响。一是依据全国商品市场来决定发展扶贫产业。相同产品要想有竞争力，在于质优与价廉。从质优来说，很多贫困农民掌握的生产技能比较少，贫困地区又普遍缺乏技术人才，因此，很多产品没有竞争力。再看价廉，悬置供求关系不论，商品的价格与生产成本和销售成本高度相关。屠能圈理论^②表明农业生产不能忽视级差地租问题。区位常常给产品的生产成本与销售成本带来巨大的差别。一般产品的生产都要在材料地与消费地之间进行权衡，以节省成本。贫困地区因大多位于偏远的山区，生产的产品运送到消费区域要花掉大量的运输与推销成本。最后，扶贫产业生产的产品要受全国市场的影响，当供过于求时，无论商品多么质优价廉，也无法全部被销售，从而出现"倒奶"或"倾茶"的生产过剩现象。从全国市场出

---

① 〔英〕科斯、王宁：《变革中国：市场经济的中国之路》，徐尧、李哲民译，北京：中信出版社，2013，第225页。

② 德国农学家屠能认为，因农产品的生产活动是以追求地租收入为最大的合理活动，所以农场主选择最大的地租收入的农作物进行生产，从而形成了农业土地利用的屠能圈结构，距离城市由近及远依次为自由式农业圈、林业圈、轮作式农业圈、谷草式农业圈、三圃式农业圈、畜牧业圈。参见何芳编著《城市土地经济与利用》，上海：同济大学出版社，2004，第39页。

发，贫困地区必须选择具有区域优势的产业搞扶贫开发，千万不要凭借道德与情怀盲目选择不可能取胜于全国市场的产业来搞扶贫开发，那样只能以失败告终，费力不讨好。

二是依据全国劳动力市场来决定发展扶贫产业。劳动力能够在市场中出售，是人类历史发展过程中权利安排获得进步的结果，[①] 那么产业扶贫就要在与贫困地区劳动力在全国市场中的价格对比中具有比较优势。木村村民自 2015 年开始大量外出务工，现已有 200 多人常年在县城省城打工，其中少数到省外打工，已经融入全国劳动力市场。虽然他们从事的工作大多技术含量不高，工资水平亦不高，可能不足以支撑其家庭在城市的体面生活，但足以解决他们在农村的基本生活问题，并且可以轻松地将家庭收入提高到农村贫困线以上。[②] 当前木村外出务工者的人均年纯收入是 8000 元，那么木村的扶贫产业只有能够保证人均年纯收入在 8000 元以上，才会吸引木村村民返村参加扶贫产业。否则，木村村民就会感觉产业扶贫发挥不了实际作用。但从目前扶贫产业发展的态势来看，要达到这个要求有相当大的难度。所以农村反贫困的根本仍然是让农村劳动力平等地获得进城务工经商的机会，从而增加工资性收入，改变过去的贫困状况。农村和农业机会有限，尤其是在贫困山区，开发难度大、获利机会少，与其鼓励贫困农户在缺少获利机会的贫困山区搞开发、发展产业，不如鼓励贫困农户家庭劳动力进城务工经商。[③]

---

① 王水雄：《"为市场"的权利安排 VS. "去市场化"的社会保护——也谈诺思和波兰尼之"争"》，《社会学研究》2015 年第 2 期。

② 贺雪峰：《中国农村反贫困问题研究：类型、误区及对策》，《社会科学》2017 年第 4 期。

③ 贺雪峰：《中国农村反贫困问题研究：类型、误区及对策》，《社会科学》2017 年第 4 期。

我国已经建立了社会主义市场经济体系，商品与劳动力市场对全国开放，包括贫困地区。而在贫困地区搞产业扶贫必然涉及商品与劳动力，那么就必然要考虑与全国市场的对接。所以，贫困地区的扶贫产业，要重点考虑区位经济优势，要考虑商品的质优价廉与供求关系，要将劳动力在全国市场中的基本收入作为扶贫产业发展的参考标准。

2. 规范主体博弈的表现空间

国家试图通过产业扶贫在村庄空间中建构起一种道德秩序，联合企业、村庄精英共同带领或帮扶贫困农民致富奔小康，但是企业和村庄精英以及贫困农民都从个体利益最大化出发，在产业扶贫中采取了离散的策略行动，常使产业扶贫陷入困境。因此，当前应该给不同主体的行为策略划出清楚的界限，强化其社会责任，以期在产业扶贫的表现空间中形成巨大实践合力。

在产业扶贫中，国家应修改其空间表现，重视将产业扶贫融入全国性市场，应该将视野从单纯的产业帮扶转移到更为广阔的促进村民进城务工、优化村庄空间等。对于村庄精英和企业公司，各级下派的驻村干部应该制定相关规则增强其社会责任：加强扶贫资金使用的监管，监管扶贫资金与扶贫效益之间的关联性，设立扶贫诚信档案，严防套取扶贫资金的私利行为，增加行政体系压力；加强村民监督，组织村民代表对村庄精英、企业获得与使用扶贫资金情况进行跟踪监督，在村庄场域的熟人社会中形成压力；加强社会责任意识宣传，要对村庄精英与企业不断宣传承担扶贫社会责任与让渡部分利益的重要性，促使其形成道德压力。对于贫困农民，要使其摒弃"等、靠、要"的思想，激发其自信自立自强的志向，帮助其提高个体技能，利用产业扶贫提供的条件主动融入市场。只有在具体村庄社区

空间中规范好各主体的策略行为，才有可能真正建构起发展扶
贫产业的道德秩序。

3. 着重解决贫困地区的空间剩余问题

在有能力的村民率先完成城市化和农村大量青壮年劳动力
进城务工时，贫困地区的村庄出现了大量的农田抛荒、资源闲
置的现象，也出现了公共产品提供不够完善，老人和儿童留守
困难，而将家庭青壮年劳动力拉回村庄的现象。这两种现象正
是大量村民离开村庄后生产出村庄剩余空间的问题表象。如果
能够有效解决村庄的剩余空间问题，就可以为贫困地区的反贫
困问题找到可行的路径：为那些有从事农业生产的劳动能力但
缺少进城务工意愿或者因种种原因困守农村的贫困户在村庄内
部找到一条摆脱贫困的办法，也为那些有能力外出务工的青壮
年村民的家庭提供"半工半耕"的村庄基础。

现在至少可以通过以下两种方式来解决贫困地区的空间剩
余问题。一是重新整合贫困地区的村庄资源。村庄资源包括耕
地、山林、草场、池塘、宅基地和河流等。在分田到户后，这
些资源基本上都分到了各家各户，但是经过三十多年的时间，
一些村民全家进城安居完成了家庭的城市化，大量青壮年劳动力
进城务工，在农村劳动力大量转移进城后，在村的村民却无法完
全利用村庄资源，由此造成了农村的耕地、山林、草场和池塘等
资源的剩余问题。这种剩余问题主要是由锁定的承包权带来的。
特别是在集中连片贫困地区，有一些青壮年劳动力因种种原因仍
留守在山村，但因可利用的资源有限而陷入贫困之中，如果给他
们更多的资源，他们就可以获得更多的务农收入。比如，组织将
外出农户的耕地、山林和草场等资源流转给在村的贫困户，贫困
户利用这些资源扩大家庭的种植养殖规模。随着越来越多的人进

城，农村将有越来越多的剩余资源，这些剩余资源给贫困农户提供更多的利用村庄资源的机会。所以当前的精准扶贫可以从盘活村庄资源出发，村集体组织将这些剩余资源流转给在村的贫困农户，增加他们对自然资源的使用量，从而增加他们的收入。

二是为贫困地区提供必要的公共产品。贵州、云南等的一些贫困地区，直到2012年才实现道路硬化，近几年才开通了从乡村到镇上的公交车，然后村民才大量外出打工。可见，基础设施对于村民融入现代社会的影响是深远的。在某种程度上，当前一些贫困山区青壮年劳动力不得不在家务农是因为村庄的公共产品出现了短缺。首先，水电路等基础设施仍待完善。山区种植条件比较差，很多耕地还没有修通生产道路，农业机器不能下地耕作，很多土地也缺少水源，完全靠天收，所以在年轻人进城务工后，留守老年人无法像平原地区的老年人一样继续耕种，保证家庭仍然可以获得务农的收入。其次，义务教育的条件仍需改善。很多山区学校还没有条件用校车接送学生，一些离学校比较远的地区，非得接送才行，而老年人和妇女无法骑摩托车接送小孩，所以很多年轻男性不得不留在家里照顾小孩。最后，农村医疗服务方式仍需健全。很多老年人生病，必须进城看病，但因是山区，路途遥远，仅靠老年人自身无法进城，必须年轻人在家照料。因此，现在贫困地区应该重点解决留守老人能够继续种地的水电路问题，解决留守儿童上学的接送问题，解决基本医疗公共服务问题。通过建设农村基础设施和提供农村基本公共服务，可以为农户家庭劳动力提供从农业和进城务工中获取收入的条件，从而让他们抓住市场机会，自己增加自己的收入、缓解自己的贫困、奔自己的小康生活。①

---

① 贺雪峰：《中国农村反贫困问题研究：类型、误区及对策》，《社会科学》2017年第4期。

4. 保留城乡之间的空间互动

"配第－克拉克定理"表明，人均国民收入水平越高的国家或地区，农业劳动力在全部劳动力中的比重相对越小，而第二、第三产业的劳动力所占比重相对就越大。[①] 因此，要想提高贫困地区的收入水平，要帮助贫困地区的农民摆脱贫困，就应该帮助减少贫困地区的农民从事农业劳动的人数，增加他们从事第二、第三产业的机会。就我国目前而言，在农民变市民的城市化过程中，最为重要的是给农民创造足够的城乡互动空间，使农民既有进城务工的城市权[②]，又有进城失败退回乡村的返乡权，走一条特殊的中国式的城市化道路。

进城定居生活是所有农民工的梦想，但并不是所有的农民工都能够进城，能进城并在城市永久生活者只是少数幸运的农民工，只约占农民工的10%，约90%的农民在城市务工的过程就是多次进城、多次返乡，并最终返乡务农的过程。[③] 在农民进城务工的背景下，中国农村家庭主流的劳动分工模式是"半工半耕"，包括以家庭代际分工为基础的"半工半耕"和以夫妻性别分工的"半工半耕"，不过，随着城市化和工业化的发展、交通和通信的便利及农业轻简技术的推广，家庭劳动分工的主要模式越来越依靠以代际分工为基础的"半工半耕"，具体表

---

① 李钒主编《区域经济学》，天津：天津大学出版社，2013，第84页。
② 列斐伏尔认为，城市权是到城市居住并获得适当的生活条件的权利，是在城市中形成的一种需要和呐喊。在索亚那里，城市权是基于空间意义上的人权，是一种很多人为城市生活的改善和改进而努力、对公共空间的占有和使用的权利。哈维发展了列斐伏尔和索亚城市权的思想，指出城市权源于社会实践，因为资本主义城市空间首先是很多人参与的、作为商品生产出现的。也就是说，城市权是全部城市生活的生产者和再生产者能够合理地使用并享受城市生活的复杂权利。参见尹才祥《大卫·哈维空间政治思想的四重维度》，《山西师范大学学报》（社会科学版）2014年第1期。
③ 杨华：《中国农村的"半工半耕"结构》，《农业经济问题》2015年第9期。

现为中老年农民在家里种植"人均一亩三分，户均不过十亩"的承包地，并辅之以家庭副业和村内零工获得禽蛋奶等副产品和部分现金收入，青壮年农民夫妻则进城务工经商，获得工资性收入，[1] 两部分收入相加，农民全家就可以摆脱贫困，过上体面而有尊严的生活。当约 90% 的农民无法继续在城市务工从而返乡务农时，其生命历程也就是"半工半耕"，年轻时务工、年老时务农，因有了务工的积蓄，返乡之后又有务农的生活保障，两笔收入加起来也可过上体面的老年农村生活。一般情况下，返乡农民的孩子刚好也长大了，也要进城务工，于是形成了一种接力式进城务工与向下传递式的代际分工，家庭仍然可以获得务工与务农的双重收入。可见，农村"半工半耕"结构，使得农民工在城市化过程中，既能出得去又能回得来，而不至于一次进城失败而永远过着流离失所、贫困潦倒的生活。在此，农民收入的空间关系命题展现了一个空间转换的逻辑，即在身份上属于农村地域空间的行动者，但其经济行动往往是围绕、指向或者直接进入城市空间而展开的。[2]

城镇化是城镇空间的生产和再生产过程，具有政治性。[3] 农民在城镇化的过程中形成了"半工半耕"的新型城市生活模式的倾向，形成"年轻人进城务工，父母在村务农带孩子"代际分工的城乡互动的空间策略。这也正是与西方的城市化相比，中国没有形成"羊吃人"和在城市中出现大量的贫民窟现象的重要原因。"半工半耕"的城乡互动空间是中国现代化的稳定器。当前，在我国城市化还没有完成、生产方式没有大的变革

① 夏柱智：《论"半工半耕"的社会学意涵》，《人文杂志》2014 年第 7 期。
② 张兆曙、王建：《城乡关系、空间差序与农户增收——基于中国综合社会调查的数据分析》，《社会学研究》2017 年第 4 期。
③ 刘兆鑫：《城镇化的空间政治学——基于河南农民进城意愿的调查》，《中共天津市委党校学报》2016 年第 5 期。

和农民无法实现一次进城的阶段性情况下，就应该创造条件保护"半工半耕"的城乡互动空间，这是国家现代化发展的需要，也是农民摆脱贫困的需要，更是农民的前途所在。所以，要继续保持中国城乡二元结构，将之前"剥削型"城乡二元结构创造性地转化为"保护型"城乡二元结构，保持农村基本经营制度的稳定，给农民提供在城乡之间的进退自由。①

（六）结语

国家吸纳村庄精英、企业和贫困农户等主体为实现贫困农户的共同富裕而发展扶贫产业，但是这些主体均从个体的有限理性出发在村庄场域内互动博弈形成了特殊的空间政治，其中隐藏着市场化与去市场化、空间表现与表现空间、时空分割与时空压缩三组矛盾。

产业扶贫的空间政治的矛盾隐藏着贫困农户实现共同富裕存在两种有分歧的路径。一种路径是投入 70% 的扶贫资金大力发展扶贫产业，使每户贫困农户都参与产业发展之中。在此种方式中，国家对市场和贫困农户进行了深度干预。很多贫困地区的产业都集中在相同或相似的可以相互替代的种植养殖项目上，当这些产业发展起来之后，肯定会改变市场的供求关系，一旦商品超过市场的容量，市场就会崩塌。事实上，不愿意进城务工经商而农业收入又较少是集中连片贫困地区发生贫困的主因。② 集中连片贫困地区的村民近几年才开始大量外出务工，如果没有产业扶贫的干预，经过一段时间运动变化，当看见外

---

① 贺雪峰：《论中国式城市化与现代化道路》，《中国农村观察》2014 年第 1 期。
② 贺雪峰：《中国农村反贫困问题研究：类型、误区及对策》，《社会科学》2017 年第 4 期。

出的村民迅速富裕起来时，在家留守的村民也会慢慢跟着出去务工经商。但是现在产业扶贫介入后，贫困农户有了依靠，他们融入全国劳动力市场的时间将迟滞，他们的活动空间将受到限制。

另一种路径是将贫困农民的前途嵌入当前我国工业化、城市化与现代化的发展进程之中。在此话语中，当然也考虑发展扶贫产业，只是产业扶贫不再是一种必需，而是根据全国市场与本地资源禀赋来决定是否可以发展，比如江西南部发展脐橙，是因此地具有土壤、气候等资源优势，生产的脐橙质量好，在全国市场上有竞争力。而对于没有或者还没有找到资源优势的贫困地区，就不要盲目上马扶贫产业，而是要选择另一种路径，即培育贫困农民响应全国市场的能力，提供更为完善的水电路、义务教育和基本医疗服务等村庄基础性公共产品，并创造村民可以在城乡之间进退自如的"保护性二元体制"。前一种路径因外力强势介入，可能会在短期内对贫困农民摆脱贫困有一些积极影响，后一种路径对于贫困农民的脱贫并不追求立竿见影的效果，但是可以真正培育贫困农民的可持续发展能力。

三　亲属社会

（一）关于贫困地区反贫困的政策与研究

党的十九大报告指出，中国近五年来的脱贫攻坚战取得决定性进展，6000 多万贫困人口稳定脱贫，贫困发生率从 10.2% 下降到 4% 以下，并且指出："中国特色社会主义进入新时代，我国社会主要矛盾已经转化为人民日益增长的美好生活需要和不平衡不充分的发展之间的矛盾。"还剩下两千多万贫困人口分布在 14 个集中连片贫困地区，这些地区是发展不平衡不充分的重灾区，这种"区域性的族群贫困是未来影响地区经济发展和社会稳定的重要因素"①。所以报告进一步指出，未来的精准扶贫要"深入实施东西部扶贫协作，重点攻克深度贫困地区脱贫任务，确保到二〇二〇年我国现行标准下农村贫困人口实现脱贫，贫困县全部摘帽，解决区域性整体贫困，做到脱真贫、真脱贫"。可见，集中连片深度贫困地区的反贫困既是未来精准扶贫的重头戏，又是解决新时代主要矛盾的重要方面。

实际上，区域瞄准一直都是中国反贫困的重要政策措施。1986～1993 年，国家划分重点扶持贫困县，确立开发式扶贫；

---

① 王曙光：《问道乡野》，北京：北京大学出版社，2014，第 213～214 页。

1994~2000 年实施《国家八七扶贫攻坚计划》，把贫困县调整为 592 个，把扶贫的重点转移到西部；2001~2010 年的《中国农村扶贫开发纲要》将扶贫重点从县转移到村，但是"要把贫困地区尚未解决温饱问题的贫困人口作为扶贫开发的首要对象"；2011~2020 年的《中国农村扶贫开发纲要》指出，中央重点支持连片特困地区，加大对革命老区、民族地区、边疆地区的扶持力度。2011 年国家确定了 14 个集中连片特困地区。2015 年的《中共中央　国务院关于打赢脱贫攻坚战的决定》指出，我国扶贫开发已进入啃硬骨头、攻坚拔寨的冲刺期，中西部一些省（自治区、直辖市）贫困人口规模依然较大，剩下的贫困人口贫困程度较深，减贫成本更高，脱贫难度更大。由于农村贫困人口相对集中在中西部一些资源环境条件恶劣、地理位置偏远的贫困地区，中国政府采用以区域开发为重点的开发式扶贫有其合理性。① 可见，中国的农村扶贫长期以贫困地区的区域开发为主要手段，当前精准扶贫的主战场仍然是中西部的集中连片贫困地区。

　　随着国家在集中连片贫困地区反贫困的深入开展，学术界的研究也不断深入，具有代表性的研究如下。第一，从人力资源视角来看，贫困的根本原因在于人力资本积累不足，在于智力结构的低层次性，在于常住人口结构不合理并呈现女性化趋势，并且群体无意识制约了人力资本的有效提升，从而延续了贫困。② 只有人力资本积累大幅度增加，反贫困才能取得真正实效。③ 第二，从生计模式来看，传统的生计方式已经不足以适应

---

① 汪三贵、郭子豪：《论中国的精准扶贫》，《贵州社会科学》2015 年第 5 期。

② 邵志忠：《从人力资源因素看红水河流域少数民族地区的贫困——红水河流域少数民族地区贫困原因研究之三》，《广西民族研究》2011 年第 2 期。

③ 杨云：《人力资本视野下西部民族地区反贫困的路径选择》，《思想战绩》2007 年第 4 期。

社会变化，在生计的现代转化过程中，为减少市场排斥，偏向于集约利用自然资源的生计方式，搞精细农业，但是脆弱的生态系统与独特的生计文化使这一转变面临困境，民族地区农户生计处于十分不稳定的状态，形成民族地区脆弱性贫困。[①] 少数民族应不断重新认识自己的传统和发展，不断调整外来干预与社区的适应策略，国家、市场和社区通过不断调整，使发展得以持续，[②] 从而阻断贫困的"代际传递性"[③]。第三，从制度来看，少数民族地区最有效的发展政策是共同发展、利用公共政策创造增长和贫困人口的共同参与，[④] 但是脆弱的家庭收入难以支撑贫困人口在教育、医疗、结婚等方面的巨额刚性支出，有效社会救助制度的缺失导致了民族地区长期陷入贫困，[⑤] 并且基本公共服务供给不足和非均等化已成为民族地区贫困的重要原因。[⑥] 因此，精准扶贫攻坚必须加强相关制度建设，保障贫困地区能够享受相同的社会救助、基本公共服务等。第四，从空间贫困理论来看，少数民族的贫困与其居住的自然地理条件紧密相连，[⑦] 与外界隔离、封闭的自然环境和"富饶"的自然资源导致的观念约束力、资源价值理论缺位、不完全竞争、经济结

① 李海鹏、梅傲寒:《民族地区贫困问题的特殊性与特殊类型贫困研究》,《中南民族大学学报》（人文社会科学版）2016 年第 3 期。

② 王晓毅:《反思的发展与少数民族地区反贫困——基于滇西北和贵州的案例研究》,《中国农业大学学报》（社会科学版）2015 年第 4 期。

③ 李昭楠、刘七军、刘自强:《民族地区慢性贫困现状及治理路径探讨——以宁夏为例》,《甘肃社会科学》2015 年第 1 期。

④ 李秀芬、姜安印:《亲贫式增长刍议:论少数民族地区的扶贫政策取向》,《中国人口、资源与环境》2017 年第 1 期。

⑤ 刘七军、李金锗:《精准扶贫视阈下民族地区支出型贫困家庭社会救助路径探析》,《甘肃行政学院学报》2017 年第 5 期。

⑥ 朴婷姬、李筱竹、郭洁、李瑛:《反贫困:推进民族地区基本公共服务均等化的思考——以武陵山片区为例》,《贵州民族研究》2016 年第 11 期。

⑦ 陈全功、程蹊:《空间贫困理论视野下的民族地区扶贫问题》,《中南民族大学学报》（人文社会科学版）2011 年第 1 期。

构畸形化以及出口的贫困增长等，影响和阻碍了资源优势转化为经济优势，① 造成了民族地区发展的"空间陷阱"②。第五，从供给侧结构理论来看，与东部地区相比，民族地区处于工业化前期，产业结构不能富民，导致贫困人口逐渐集中于此。③ 用供给侧结构性改革思维，增强供给结构对需求变化的适应性和灵活性，提升、壮大、优化贫困地区产业实力，在特色旅游业、现代农业、工业园区等方面形成有品牌、有市场的生态产业，促进贫困地区自我发展内生动力，实现贫困地区脱贫致富。④ 第六，从文化扶贫来看，集中连片贫困地区的贫困文化的象征符号、社会规范和价值观念等具有巨大的维持贫困生活方式的传统力量，对精准扶贫及其携带的现代主流文化形成包围和切割的阻碍困境。⑤ 因此，既要尊重地方性文化，充分调动贫困社区的社会参与，⑥ 又要引导民族地区的文化自觉、自省，客观认识市场经济规律，立足资源优势，选择生产优势的经济发展模式来打好扶贫攻坚战。⑦ 上述研究都是从一个理论视角来观察集中连片贫困地区的反贫困问题，而事实上，集中连片贫困地区的贫困往往并不是受单一因素的影响，而是多维因素致贫：自然

---

① 王来喜：《西部民族地区"富饶的贫困"之经济学解说》，《社会科学战线》2007 年第 5 期。
② 张丽君、董益铭、韩石：《西部民族地区空间贫困陷阱分析》，《民族研究》2015 年第 1 期。
③ 程蹊：《民族地区集中贫困与产业结构关系探讨》，《中南民族大学学报》（人文社会科学版）2012 年第 2 期。
④ 万良杰：《供给侧结构性改革视阈下的民族地区"精准扶贫"》，《中南民族大学学报》（人文社会科学版）2016 年第 1 期。
⑤ 贺海波：《贫困文化与精准扶贫的一种实践困境——基于贵州望谟集中连片贫困地区村寨的实证调查》，《社会科学》2018 年第 1 期。
⑥ 李德建：《文化策略：民族地区反贫困的路径选择研究》，《黑龙江民族丛刊》（双月刊）2014 年第 6 期。
⑦ 青觉、王伟：《民族地区精准扶贫的文化分析》，《西南民族大学学报》（人文社会科学版）2017 年第 4 期。

环境恶劣、产业发展缓慢、固定投资不足、教育发展滞后等都
与贫困地区的贫困高度相关。[①] 农户要素贫困、能力贫困与制度
贫困之间存在行为发生学上的关联效应，[②] 根据缪尔达尔的
"循环积累因果关系"理论，少数民族地区由于社会、政治、文
化、经济、制度等多因素相互影响、互为因果，陷入了"贫困
恶性循环"[③]。因此，精准扶贫战略的实施需要从多维视角更加
全面、更加科学地对贫困人口进行精准识别、精准施策，[④] 而坚
持党和政府的主导、统筹城乡与区域发展、扩大社会参与和坚
持自力更生等则是片区扶贫开发的现实选择。[⑤]

　　既有关于集中连片贫困地区反贫困的研究包括人力资本、
生计模式、制度支撑、空间贫困、供给侧结构、贫困文化等视
角，这些研究在一定程度上抓住了集中连片贫困地区的贫困特
征，分析了相关的精准扶贫的策略，为本研究搭建了良好的基
础。但是当前从集中连片贫困地区的社会组织结构来研究反贫
困问题并不多见，笔者近两年在贵州、云南等的集中连片贫困
地区的调查中，发现当地居民特别是少数民族自然村寨中拥有
独特的社会结构——"亲属社会"结构。在 2012 年公布的 592
个国家扶贫开发重点县中，西南地区的扶贫开发重点县中有
161 个都属于集中连片特困地区，占西南地区扶贫重点县总数

①　王晓东、王秀峰：《贵州省民族地区的贫困问题及其反贫困策略》，《广东农业
科学》2012 年第 14 期。
②　张自强、伍国勇、徐平：《民族地区农户贫困的逻辑再塑：贫困恶性循环的视
角》，《贵州民族研究》2017 年第 1 期。
③　沈娅莉：《少数民族地区贫困循环的成因及对策研究——以云南为例》，《云南
财经大学学报》2012 年第 4 期。
④　刘小珉：《多维贫困视角下的民族地区精准扶贫——基于 CHES 2011 数据的分
析》，《民族研究》2017 年第 1 期。
⑤　邢成举、葛志军：《集中连片扶贫开发：宏观状况、理论基础与现实选择——
基于中国农村贫困监测及相关成果的分析与思考》，《贵州社会科学》2013 年
第 5 期。

的 93.06%，有 110 个是少数民族贫困县，占西南地区扶贫开发
重点县的 63.58%，占西南地区少数民族县的 61.80%。^① 这种
结构广泛地存在于集中连片贫困地区中的少数民族贫困地区，
成为精准扶贫的重要阻碍因素，成为难啃的硬骨头的核心要素。
所以本部分从集中连片贫困地区的社会组织角度来研究反贫困
问题，重点解读当地的亲属社会结构，并形成精准扶贫的相关
应对策略。

（二）村庄社会结构的研究视角

关于村庄社会结构的研究，首先要选择一个合适的研究单
位。根据研究的特定条件不同，学术界共有三种不同的研究单
位。一是村庄社区，拉德克利夫－布朗、吴文藻、雷蒙德·弗
思及费孝通一致认为，调查区域应是"能提供人们社会生活的
较完整的切片"的自然村落。^② 二是基层市场社区，美国人类
学家施坚雅认为，一个自给自足的农村基层社会"不是村庄而
是基层市场社区"，"在这类重要的复杂社会中，市场结构必然
会形成地方性的社会组织，并为使大量农民社区结合成单一的
社会体系，即完整的社会，提供一种重要模式"。^③ 三是乡镇或
乡域，许烺光以乡镇作为基本单位来研究中国农村社会的亲属
制度、信仰体系、人格与社会流动等；福武直将"乡镇共同体"
理解为农民基本生活得以维持的农户聚集区域，农民跨越村落

---

① 向玲凛、邓翔、瞿小松：《西南少数民族地区贫困的时空演化——基于 110 个少数民族贫困县的实证分析》，《西南民族大学学报》（人文社会科学版）2013 年第 2 期。
② 费孝通：《江村经济》，上海：上海世纪出版集团，2007，第 17 页。
③ 朱炳祥：《"农村市场与社会结构"再认识——以摩哈苴彝族村与周城白族村为例对施坚雅理论的检验》，《民族研究》2012 年第 3 期。

进行日常生活的交流与市场交换；吴毅则从乡域的角度来研究农村政治。①

在三种研究单位中，施坚雅关于农民的实际社会区域的边界不是由他所住村庄而是由他的基层市场区域的边界决定的理论观点，不符合中国乡村社会的实际，他所说的构成基层社会的其他要素如联姻、宗族、宗教及行政体系等与市场的关系的零散说法，亦仅是未经系统论证的猜想。② 以乡域为基本单位的田野研究，特别受到政治学者的青睐，但是作为一种分析范式，"乡镇共同体"在确立乡镇共同体内部的多元化主体、理顺各主体之间的复杂关系、探寻乡镇共同体内部分化与整合的机制、确立转型中乡镇共同体的变迁路径等方面还有待进一步厘清。③ 比较成熟的研究单位还是村落社区，农户聚集在一个紧凑的居住区内，与其他相似的单位隔开相当一段距离，是一个由各种形式的社会活动组成的群体，以此为研究中心来考察村庄居民相互间的关系，如亲属关系、权力分配、经济组织、宗教皈依等种种社会关系，进而观察种种社会关系如何相互影响，如何综合决定社区的合作生活。④ 只有以村落为单位，才能客观准确地理解农民间的种种社会关系，才能真正搞清楚农民的生活状态以及日常行为的动机根源，才能够进一步理解中国农村社会和文化的变迁，所以本书将以村落作为单位来研究村民的社会组织结构及其对精准扶贫的影响。

村庄社会结构是指由村庄内部成员社会关系网络构造的结

---

① 狄金华：《中国农村田野研究单位的选择——兼论中国农村研究的分析范式》，《中国农村观察》2009 年第 6 期。

② 朱炳祥：《"农村市场与社会结构"再认识——以摩哈苴彝族村与周城白族村为例对施坚雅理论的检验》，《民族研究》2012 年第 3 期。

③ 狄金华：《中国农村田野研究单位的选择——兼论中国农村研究的分析范式》，《中国农村观察》2009 年第 6 期。

④ 费孝通：《江村经济》，上海：上海世纪出版集团，2007，第 17～18 页。

构性特征。① 根据熟人社会为基础的村庄成员之间的关系状况和行动能力的区域差异性,贺雪峰将中国的农村划分为三类相当不同的村庄:以江西宗族村庄为代表的团结型村庄,主要存在于江西、福建、广东、广西、海南、湘南、鄂东南、浙江温州等地区;以皖北小亲族村庄为代表的分裂型村庄,主要分布于河南、山东、河北,淮河流域的苏北皖北乃至西北地区的陕西,华北的山西等;以湖北荆门原子化村庄为代表的分散型村庄,主要分布于长江流域,从上游的云贵川渝,到中游的湖北、湖南、安徽,再到下游的江浙地区。②

传统村庄是一个熟人社会,是农民生产、生活和娱乐的基本单位,村庄社会结构不同,生活在村庄的村民就会有相当不同的生产、生活和娱乐的方式,也就会有相当不同的行为逻辑。村庄社会结构的差异还会导致村民个性(如性格、面子观)和交往方式的差异。三种理想类型的村庄,在传统时期都一直存在一个超出家庭的强有力的宗族血缘单位,这是一种聚族而居形成的血缘与地缘的共同体,成为中国传统农村基层治理的基本结构。

但是进入 20 世纪,持续一百年的革命运动和市场经济的冲击,使中国不同地区宗族血缘关系受到不同程度的影响,并形成了三种不同的村庄社会结构。一是南方宗族农村,宗族远交近攻形成了相当大区域的宗族连片,又因为宗族之间竞争激烈,宗族内部出现高度凝聚与整合,地缘与血缘关系融为一体,宗族规范发展成熟,高度内化于其成员血脉之中,宗族具有极强的行动能力。也就是说,经过长期发育,在华南农村出现了宗

---

① 贺雪峰:《论中国农村的区域差异——村庄社会结构的视角》,《开放时代》2012 年第 10 期。

② 贺雪峰主编《华中村治研究:立场·观点·方法(2016 年卷)》,北京:社会科学文献出版社,2016,第 184~185 页。

族结构与宗族规范的高度统一、宗族组织与宗族意识的高度统一。因为结构与规范的相互塑造和强化，华南宗族不只是功能性的组织，而且具有伦理性的价值，具有强大的价值支撑。虽然受到影响，但宗族认同仍然存在，宗族仍然具有一定认同和行动能力，在村庄内，农民既受家庭结构的影响，又受宗族认同的影响，从而保持了双重的认同与行动逻辑。二是华北小亲族农村，因土地开发利用比较彻底，华北地区环境条件脆弱，缺少生态多样性，出现天灾人祸，农民缺少自然的缓冲（野生动植物少），村庄内部必须形成强有力的地方规范来应对人地关系紧张所必然产生的种种治理难题。在血缘小集团基础上，村庄形成了强大的内生规范，以应对人口繁衍所导致的严峻人地关系紧张局面和层出不穷的棘手问题。因为村庄经过充分发育，形成了村庄结构与规范之间的有效匹配，或者说在村庄结构与村庄规范之间经历了相互塑造和相互强化。宗族血缘关系受到较强冲击而断裂为若干碎片，其中有些碎片较大，比如五服以内的血缘认同与行动单位，还有一些碎片较小，如仅兄弟、堂兄弟关系才具有认同与行动能力，甚至仅仅兄弟之间才比较亲密。因为宗族血缘关系的断裂，村庄内形成了若干互不隶属的门派，形成了分裂的村庄结构。三是中部原子化农村，长江流域也是移民社会，由于其生态的多样性和不稳定性，两湖地区形成了以散居为特征的居住结构，使得居民缺乏相互协作的压力和动力，村庄内生规范没有得到环境强有力的激发，人们生活在一个相对自由的环境之中，靠个人力量来应对环境。直到20世纪革命来袭时，长江流域的大部分农村，村庄结构和村庄规范都没有形成强有力的匹配，每个个体都没有经过与村庄结构相互强化，没有真正深入居民价值世界的村庄规范很快就被现代性冲垮，村庄很快就变得原子化了。血缘关系断裂得比较彻底，以至于任何超出家庭的血缘关系都不再具有行动能力，兄弟关系也已经现代化了，这样的地区就不再存在超出家庭的认同与行动单位，农民原子化程度很高。①

村庄结构构成国家权力与分散小农打交道的中介。自上而下的各种政策、法律和制度是通过村庄来实践的，村庄社会结构的差异，导致自上而下的各种政策、法律和制度在村庄实践过程中的机制与结果有很大差异。虽然当前南方宗族性的团结型村庄一般不存在一个强有力的具备完全行动能力的宗族组织，但村民仍然具有宗族认同，宗族具有较强的号召力和一定的一致行动能力，村庄内的舆论压力就可以发挥很大作用。村干部是村庄熟人社会的成员，又是自上而下行政体系的一部分，离开村干部，县乡进村几乎不可能做成任何事情。因为受到强有力的村庄力量的约束，村干部并未成为"乡村利益共同体"的一部分，乡村社会仍然具有发展的活力。20 世纪 90 年代，当农民负担过重和不合理时，南方团结型的宗族村庄的村民有联合起来抗争的能力，这种抗争往往通过强力事件比如集体上访来表达。在华北分裂型村庄，农民还有一定的组织能力。当村庄内不同"门派"之间可以合作时，村庄内的绝大多数事情可以办成，办成事不是靠某个权威人物的专制，而是靠一个领导人充分发挥民主作用，在由各"门派"代表人物组成的"委员会"上充分协商，以达成集体的共识。一旦村庄内不同"门派"的竞争关系超过协作关系，村庄内不同"小亲族"的合纵连横就会带来村庄内的严重冲突。农民就会为村庄内部矛盾而不断地进行群体上访，长此以往，农民不自觉便提高了与各级政府打交道的能力，由此不仅成为村庄政治斗争的高手，而且

---

① 贺雪峰：《论中国农村的区域差异——村庄社会结构的视角》，《开放时代》2012 年第 10 期。

越来越精通国家政治了。这种轮番上访不是削弱了地方政府的权力，而是强化了地方政府的权力，因为只有地方政府才能查处农民反映的问题。在分散型村庄中，农民的原子化程度很高，农民的认同与行动单位已收缩到了家庭以内，甚至兄弟之间也少有强有力的一致行动能力。因此，在村庄政治舞台上活跃着的就只有个人而没有集团，只有利益而没有政治。只有基于个人利益关系的私下活动，没有基于公的集团利益的政治。村民与村民之间的关系薄弱且多元，往往是姻亲关系和个人朋友关系超过了基于地缘基础的血缘联系。因为缺少强有力的组织载体，无法形成对地方政府不良行为的有效反抗。当中部地区三农问题严重到无法解决的时候，农民只是逃避而没有通过集群事件或群体上访来表达自己的诉求。[1]

以认识中国农村社会性质为目标的农村研究的理论观点要具备如下特征：能够对农村中各种相互关联的社会现象做出解释，探讨其发生的原因和机制；其解释力能够超出个别村庄或者个别现象，具有一定的普遍性。[2] "村庄社会结构"以及区域差异本身构成一种理论资源，可以用村庄社会结构的视角和区域差异理论来解释不同地区的政策实践过程和后果，还可以用它来解释不同地区农民生活观念、性格、面子、社会交往、家庭结构、代际关系、自杀状况、宗教传播、基层治理等农村社会现象及其特征，所有的农村社会现象都是以村庄社会结构为背景发生的。[3] 上述关于村庄社会结构的研究包括两个方面：一

---

[1] 贺雪峰：《论中国农村的区域差异——村庄社会结构的视角》，《开放时代》2012 年第 10 期。

[2] 桂华、贺雪峰：《再论中国农村区域差异——一个农村研究的中层理论建构》，《开放时代》2013 年第 4 期。

[3] 贺雪峰：《论中国农村的区域差异——村庄社会结构的视角》，《开放时代》2012 年第 10 期。

是村庄社会结构的形成过程及其基本特征，其中形成过程主要从生态环境和移民历史文化影响来分析，但除此之外，还可以从开发早晚、开发方式、种植结构、生产力发展水平、距政权中心远近等的差异来分析；二是自上而下的政策、法律与制度在当前三种村庄社会结构的不同机制与结果，如果从政策、法律与制度是否有利于村民的利益来看，华南农村和华北农村都有组织起来反对不利的政策、法律与制度的能力，而中部农村则缺乏组织反对的能力。本书受此启发，拟从以下两个方面来研究云南、贵州等地区的亲属社会结构，首先，从生态环境、历史文化、血缘地缘关系、日常生活的互助及人情等方面来分析亲属社会的形成及其维系的机制；其次，要分析亲属社会对精准扶贫政策在村庄实践中的制约作用。本研究要将这两个方面进行融合性分析，从某种意义上而言，亲属社会的形成机制就是精准扶贫的制约影响机制，然后在此基础上，再进一步厘清亲属社会与精准扶贫的矛盾关系，最后提出精准扶贫应对亲属社会不利影响的可能性路径。

（三）亲属社会的形成机制及对精准扶贫的制约影响

中国农村地域辽阔，不同区域农村差异巨大。总体来讲，从村庄结构上看，当前中国村庄可依据经济发展水平与历史文化差异进行两个维度的类型划分。从历史文化差异可以划分为南、北、中三种村庄结构，即南方地区的宗族团结型村庄、北方地区的小亲族分裂型村庄和以长江流域、东北地区为代表的中部农村的原子化分散型村庄。经济发展视角的村庄社会结构主要表现在东中西的差异，东部地区的村庄形成了一个两头小、中间大的结构，是一种高度分化的结构，而广大中西部农村，村庄内存在一个富裕农民进城的去分化机制，农户之间的分层不明显，村庄中还没有产生出分层来。① 云南少数民族村庄结构具有其独特性，从经济发展视角来看，村民很少通过外出务工而获得丰厚的收入进而在城市定居下来，村庄内部并不存在明显的分化；从历史文化视角来看，村庄大多存在从山地向山地的不断迁移，村庄的历史并不长，宗族结构不明显，村民在地缘关系基础上将血缘与姻缘关系进行充分的融合，造成地缘关系、血缘关系与姻缘关系并重的状态，最终形成了亲属社会的整体性村庄结构。

1. 亲属社会的特征

农村社会基础结构的变化影响乃至决定了乡村治理的状态，并将最终决定乡村治理的制度安排。② 可见，村庄社会结构对于农村的治理状态具有决定性的影响。那么，到底什么是村庄社会结构呢？杰西·洛佩兹、约翰·斯科特认为，社会结构指向社会生活组织的三个相互独立的层面：制度的、关系的和具象的层面。③ 帕森斯依据个体社会的行动系统是"植根于"有机体及其物质环境的潮点来分析社区结构时，认为社会系统的所

① 贺雪峰：《论中国村庄结构的东部与中西部差异》，《学术月刊》2017 年第 6 期。
② 贺雪峰：《村治模式：若干案例研究》，济南：山东人民出版社，2009，第 3 页。
③ 社会学中有三种不同的社会结构概念：一是在制度结构的观念中，社会结构被看作由那些定义人们行为期望（expectations）的文化或规范模式所组成，通过这些期望，行动者（agents）能把握彼此的行为并且组织起相互之间的持久关系；二是在关系结构（relational structure）的观念中，社会结构被看作由社会关系自身所组成，也就是被理解为行动者和他们的行动之间的因果联系和相互独立性以及他们所占据位置的模式；三是在具象结构（embodied structure）的观念中，社会结构被看作类似于演讲和课本的语法结构，制度和关系的模式产生于这些被赋予能力或技能的个体行动。参见〔英〕杰西·洛佩兹、约翰·斯科特《社会结构》，允春喜译，吉林：吉林人民出版社，2007，第 4~6 页。

有个体行动者都是居于其他事物之中的物质有机体，他们必须分布于物质空间，并且只有通过额外的物质过程（移动），才能改变其位置，并建构起居住位置、职业与工作场所、管辖权和沟通的综合体的社区基本结构的分析逻辑框架。① 在我国社会学中，村庄社会结构应属于狭义的社会结构，指社会生活的某一个方面，一般是指"人们的社会地位及其社会关系的模式"，而所谓社会地位，是指社会关系空间上的相对位置，以及围绕这一位置所形成的一套权利和义务。② 综合起来看，可以从居住空间、生产形式、社会地位和行为规范等来分析亲属社会的特点。

首先，居住空间。根据区域位置的观点，既定个人行动和参与的系统不是随便分布的，而是在既定区域基地范围内被组织起来的。个人扮演他在其他地方起码通常不这样重要的一定角色，以及在与比较具体的对应角色互动中表现这些角色，都与他的住宅或家有关。③ 云南 N 村 A 自然村有 2 个村民小组 97户共 300 多人，人口约 90% 为傈僳族。A 自然村与 D 自然村相距 3 公里，与 G 自然村相距 4 公里，与 B 自然村相距 4 公里。可见，A 自然村是一个独立性比较强的自然空间单元。因空间阻隔，与外界交往的成本比较高，村民在自然村内部交往的动力就比较强，每个村民都扮演着极为重要的角色。其次，生产形式。从住户的观点来看，职业活动是其消费、收入基本依靠家庭成员的整套活动，不管消费、收入是实物还是货币，都是如此。④

---

① 〔美〕T. 帕森斯：《现代社会的结构与过程》，梁向阳译，北京：光明日报出版社，1988，第 226 页。
② 郭星华：《社会结构与社会发展》，北京：党建读物出版社，2001，第 7~8 页。
③ 〔美〕T. 帕森斯：《现代社会的结构与过程》，梁向阳译，北京：光明日报出版社，1988，第 207 页。
④ 〔美〕T. 帕森斯：《现代社会的结构与过程》，梁向阳译，北京：光明日报出版社，1988，第 209 页。

A 自然村人均耕地约为 2.1 亩，村民在村内主要种植生菜、大麦、玉米、马铃薯、大白豆等农作物以及苹果、核桃等经济林果，主要养殖黑山羊、黄牛、壮鸡等。但因是山地，地力薄，每亩的年收成约为平地的一半，并且机器到不了田地，主要靠人背马驮，劳动投入量比较大。所以劳动互助需求比较强，不管是种地还是建房都要请人帮忙才可能较为顺利地应付恶劣的地理环境。再次，社会地位。居住与通常所说的生活方式有密切的联系，生活方式相同的家庭邻接在一起生活比生活方式有较大差别的家庭这样生活在一起可能要舒服得多。[①] A 自然村两个村小组共有 97 户村民，一般家庭在村内有 40~50 家亲戚。村民的亲戚关系往往具有血缘与姻缘多层次相互叠加的特性，即好几代的兄弟姐妹、表亲、远表亲以及后天通过认干亲建构的亲戚关系叠加在一起，以至于村民被问及户与户之间到底是什么亲戚关系时竟无法说清。所以在自然村内，大家关系都比较平等，都是亲戚关系，大家的生活方式基本相同，舒服地交融在一起。最后，行为规范。行为规范主导着村庄社会秩序，是物质方面与非物质方面被连接起来的相互关系。A 自然村受物质和非物质局限所形成的亲属关系主导着自然村内部的秩序。村内基本没有什么纠纷矛盾，因为村民觉得"大家都是亲戚"。当日常生活中发生利益矛盾时，也少有激烈的碰撞，谁也不愿意破坏亲戚关系。在亲戚关系的情境定义中，村民都比较克制自己的行为，不打破亲戚关系的藩篱可能是村民行为规范的底线原则。自觉维护亲属社会成为每位村民的道义行为，如果有谁破坏这种关系，就是不道义的，就要受到大家的谴责。

村落社会中不同的分家和本家以及宗支关系，已使村落社

---

① 〔美〕T. 帕森斯：《现代社会的结构与过程》，梁向阳译，北京：光明日报出版社，1988，第 208 页。

会的组成渗透着强烈的血缘色彩，而村内的婚姻关系又使村落的血亲和姻亲关系变得错综复杂，形成一种典型的网络社会。[①]这种依靠血缘和姻缘关系建构起来的网络社会，在云南、贵州等地的自然村表现为亲属社会结构。

2. 形成机制与制约影响

在一般的农村，中国特殊的文化、地理、种植结构和气候条件等，使得基层治理中一直存在一个超出家庭的强有力的血缘单位，最典型的就是宗族，正是宗族这一聚族而居形成的血缘与地缘共同体，成为中国传统农村基层治理的基本结构。但是从中国不同区域来看，因为移民时期、开发早晚、开发方式、种植结构、生产力发展水平、生态环境、距政权中心远近等的差异，不同区域村庄结构包括宗族组织发展状况的差异颇大。[②]这是对于我国汉族村庄结构的区域比较结果。但是在云贵高原上少数民族村庄中，因其独特的生态环境、历史传统、村内通婚、特殊的互助与人情方式等变量相互作用相互强化，在家庭之外形成了地缘、血缘与姻缘关系高度同构的亲属社会的村庄结构。这种结构对精准扶贫产生了制约影响。

首先，独特的生态环境。

云贵高原地处青藏高原东侧的中低纬度过渡地带，大致位于东经100°~111°，北纬22°~30°。云贵高原属亚热带湿润区，多为亚热带季风气候。太阳辐射年总量经向分布差异大，西部大于东部，由于海拔高，热量差异大，紫外线强烈。云贵高原年平均气温为5℃~24℃。云贵高原热量垂直分布差异明显，从

---

① 麻国庆：《家与中国社会结构》，北京：文物出版社，1999，第112页。
② 贺雪峰：《论中国农村的区域差异——村庄社会结构的视角》，《开放时代》2012年第10期。

河谷至山顶分别出现热带、亚热带、温带、寒带的热量条件，各月分配相对均匀，冬季温暖，夏无酷暑。云贵高原受西南季风的影响，形成冬干夏湿、干湿季节分明的水分资源特征。4～10月降水量占全年总降水量的85%～95%。雨季常出现山洪暴发，发生洪涝灾害。而旱季时间长，季节性干旱，特别是春旱十分严重。云贵高原地区是中国森林植被类型最为丰富的区域，并且动植物种类极其丰富，云南有"植物王国"之称。

N村所在的县位于楚雄彝族自治州东北部，地处滇中高原北部，云贵高原西侧，其自然环境形成了县境地表崎岖，群山连绵。山地、丘陵、谷地、河谷平原和山间盆地（当地人称坝子）相互交错，山区面积占全县总面积的97%，坝子及水面占3%。N村地处海拔近2000米的高山上，距镇政府驻地15公里，距县城42公里，辖4个自然村10个村民小组，人口约90%为傈僳族。历史上，村民主要种植大麦、玉米、马铃薯等农作物，主要养殖牛、羊、猪、鸡等，此外每年4～10月的雨季，村民都要上山采摘野生菌，其收入可以占到家庭总收入的1/3～1/2。

独特的自然生态环境给村民造成了两极化的生存条件。一是恶劣的条件，因地处高山区，土地贫瘠，种植产量只相当于平地的一半，因而难以致富。如果想建房就要到山上砍伐木材，就要从山外将材料背进山；如果家里有人去世，就需要村民帮助抬上山；如果喂的猪要卖，也要请人抬下山去；如果有大量的庄稼要收割，也需要有人帮助从山上背下来。这些都需要村民团结起来以抵御自然的阻碍。二是包容性的条件，N村所在县有丰富的野生植物资源，中药材达801种，有226种属于国家重点品种，野生食用菌有8目24科65属153种，其中23种具有抗癌、强身、治病等功能，部分品种如松茸、牛肝菌等已远销国外。此外，还有多种野生油料、野生淀粉、野生纤维等资源。[①] 因生态的多样性，牛羊可以赶到山上放养，每户可以喂六七头牛或三四十只羊，每年七个月的雨季可以上山采摘野生菌，全年都可以采摘中药材，依靠这些自然的馈赠就可以满足家庭消费一般性支出需求。从自然生态环境来看，一方面村民之间必须建立起比较亲密的亲戚关系，以备在建房、生产、送葬等情况下有人出手相助，以度时艰；另一方面自然生态的多样性，给村民的生存以极大的缓冲，村民之间没有必要建构起特别严格的规则来限制资源的分配。所以村民之间只需要建构起充满温情的亲属社会，就可以应对自然环境带来的困难，同时在这种亲戚关系中又可以让大家自由地分享自然的馈赠。

但恰恰是应付恶劣的自然条件和分享自然的馈赠成为精准扶贫的一种阻碍。下文将详细解读应付恶劣的自然条件给精准扶贫造成的困境，这里先介绍一下分享自然的馈赠给精准扶贫造成的阻碍。云南省委组织部驻村工作队队长说，自2012年入村以来，帮助村里搞了二十多个产业，最后都以失败告终。其中自然有产业本身效益欠佳的因素，但是村民并不积极参与也是重要的原因。因为参与政府搞的产业扶贫需要投入时间成本，并且生产出来的产品可能跟不上市场的需求，不一定能够赚钱，但是在雨季上山采摘野生菌和到山上放牛羊，是比较稳当的收益，仅两项收益就差不多可以应付日常生活开支。村民们都不愿意易地搬迁，因搬迁后无法利用山林资源，不仅裁减了他们的自然收益，还更改了他们依靠自然生态环境的生活方式，所以贫困户都不想离家而愿意就地帮扶建房。

其次，历史传统。

---

① 武定县志编纂委员会编《武定县志》，天津：天津人民出版社，1990，第5页。

黄河流域是中华民族的发祥地之一，人口越来越多，但随着自然灾害和战乱频发，逼迫人口不断向四方迁移。中国历代的人口迁移便是以黄河中下游地区为基点进行"离心状运动"的过程。① 云贵高原也受"离心状运动"影响颇深。最早在"三苗"时期，由于尧舜禹等部落首领的不断征战，到禹时，蚩尤后裔离开江淮、洞庭湖、鄱阳湖和汶山、衡山等地的平原，避入山林，开始向西南和西北方向迁移，造成了云贵高原地区人口的迁入。华北地区在秦之后先后经历了东汉的党锢之祸、黄巾起义，三国时期蜀的平定南中，五次北伐，两晋的八王之乱，南北朝的六镇大起义，以及隋朝的瓦岗军农民大起义。社会动荡不安，造成了人口的不断南迁。云贵地区的人口由于战争避难不断增加，逐渐形成了"南下"（四川向云南、贵州迁移人口）等习惯性人口迁移特点。10~13 世纪，在云贵高原地区存在宋、大理国两大政权的管辖。据元代记载，1274 年置建云南行省时有人口 128 万余户。南诏、大理国时期，除了逐渐"夷化"的汉族外，又有一些汉族人口从内地通过逃亡成兵、战争俘掠以及边民逃难等途径进入云南，并有部分苗瑶民族先民迁入云南东南部。元代，蒙古、回族、契丹、西蕃等民族随蒙古大军入迁云南并落籍当地，在当地积极发展畜牧业，使云南成为元朝在全国所设的 14 处大型养马场之一。公元 1601~1644 年，历史学家记载了 2 次"八年大旱"，社会动荡，人口流动加剧，大量的人口不断迁入云贵山区；清朝中叶后还经历过一次大量人口自外地迁入西南地区的情形。

云贵高原的外来移民不断进行着从山地到山地的迁移。《史记·西南夷列传》在记载汉代滇西氐羌的生产活动时就说道：

---

① 石方：《中国人口迁移史稿》，哈尔滨：黑龙江人民出版社，1990，第 2 页。

"皆编发，随畜迁徙，毋常处。"氐羌中的一部分人口如今天纳西族、白族和彝族的一部分，甚至发动战争，驱赶当地峡谷低地的先民。如傈僳族迁入怒江后，赶走了原居住在峡谷低地的傈族。新中国成立时，西南民族地区奴隶制度、封建制度、社会主义制度并存，有一些村落从原始社会直接过渡到社会主义社会。因不断争夺生存之地（有的是人口自然增长后，原来的自然村无法承载）而迁移形成自然村寨，很多村寨的历史只有几百年，再加上少数民族组织社会技能的不足，可能从未形成过宗族的社会认同与行动单位，更不可能是宗族瓦解的不同残留形态，[1] 而是在长期求生存的实践中选择以姻缘关系来增强地缘关系的团结作用，也并没有时间纵深来形成更为严格的村庄规范。正是因为长期以来，村民不断受到外来人口或者迁移人口的冲击，所以大家对于外来的力量和外面的世界始终存在排斥的心理。N 村村民就一直集中居住在村庄中，直到 2015 年才慢慢有人外出务工。精准扶贫是国家力量对于亲属社会的重度干预行为，精准扶贫要求村民发展产业、易地搬迁、外出务工等，常常会使村民心理上感觉不安稳。扶贫干部说，村民很少主动参与产业扶贫，总是要等到村干部或者少数村庄精英成功后，再跟着发展产业。在某种意义上，这也正是历史上形成的对于外来力量的排斥造成的对精准扶贫的抵触行为。

再次，村庄社会关系的缔结方式。

麻国庆认为，在中国农村，在一个村庄之内便是家族关系、亲属关系，在村庄之外便是亲属关系、姻亲关系。从本质上说，家族关系和亲属关系是互不排斥的，其区别便是费孝通先生在《生育制度》中所论述的单系偏重，家族是以父系为宗形成的，

---

[1] 桂华、贺雪峰：《再论中国农村区域差异——一个农村研究的中层理论建构》，《开放时代》2013 年第 4 期。

男婚女嫁，以男为主，女方嫁到男方家，以男方计算世系，而亲属则是由女方形成的，是女子出嫁形成的婚姻关系。所以，在男方为家族，在女方为亲属。一般局限在本村或村庄周围的三乡五里这个范围内，甚至最多的是邻村之间的婚姻关系，这就形成农村社会关系的基本格局。① 但是费孝通认为，一家人中的亲属关系，由生育或收养而产生的是父母和子女；由婚姻而产生的是夫妇，以及翁姑和媳妇，或岳父岳母和女婿……这些是家庭中的基本亲属。② 可见在费孝通的视野中亲属关系包含家族关系。云南的亲属社会存在于自然村内部，也并没有刻意划分家族和亲属两种关系，而统一称为亲戚。村民认为兄弟、堂兄弟也是亲戚，并且亲属社会中，血缘关系与姻缘关系是同等重要的。

亲属社会是由自然村内部户与户之间相互纽结在一起的血缘、姻缘关系基础上多层次亲戚关系构成的。这里的亲戚关系远较其他农村地区发达，其中的原因在于亲戚关系在纵向和横向两个维度上均具有很强的扩展性。纵向扩展是指通过血缘、姻缘建构起来的亲戚关系，一般要延续四至五代，也就是五服之内都还是亲戚。经过岁月的沉积，一代时就是一家亲戚，到四五代时，可能就变成好几家甚至十几家亲戚了。

横向扩展是指在同一代人中通过各种条件结成的亲戚关系。在自然村中，血缘关系中的兄弟姐妹及堂兄弟堂姐妹是男系家的横向亲戚关系；自然村内部男女通婚（包括男娶女嫁和女招男上门）现象极为普遍。村干部说，A 自然村下村，近几年，招上门女婿的就有四五户，其中两个是 A 自然村内部的。村民说，有两个儿子，其中一个就可以出去上门。姻缘关系中男女

---

① 麻国庆：《家与中国社会结构》，北京：文物出版社，1999，第 114 页。
② 费孝通：《六上瑶山》，北京：群言出版社，2015，第 65 页。

双方的兄弟姐妹及堂兄弟堂姐妹都是亲戚。此外，在横向扩展上还有三种亲戚关系建构方式。一是结拜兄弟。如果小时候就在一起玩，关系一直不错，到一定年纪就会结拜为兄弟。A自然村会计说，他在下村有两个结拜兄弟，在上村有一个结拜兄弟。他说，大约到了20岁的样子，大家还是玩得比较好，就一起吃饭喝酒，结拜为兄弟。这样结拜兄弟也就成了非一般的亲戚关系。二是结干亲。A自然村的风俗是，如果小孩子不乖，爱哭闹，就要找个同村的人取个乳名。如何寻找这样的人，有两三种途径，比较讲究的是找"先生"测算一下属相，再排查一下村内哪位与孩子的属相相合，或者到村里的小河边搭一座独木桥，等待第一个从桥上或者附近经过的人，比较随意的是娃娃刚好哭闹时，那位在家的人。当给孩子取了乳名后，就成了亲家。如果孩子还是不乖，就再找人取名结亲家，有时要结好几个亲家。结为亲家后，就像兄弟姐妹一样亲，关系可以维持两三代。三是亲戚的亲戚也是亲戚。比如嫂子的娘家兄弟姐妹也是自家的亲戚。

在A自然村内，通过亲戚的纵向与横向扩展后，一户很容易就与全村半数以上的农户结为亲戚关系。由纵横交错的亲戚关系构成的亲属社会，在村民的日常生活中发挥着重要的作用。但是精准扶贫是按照现代社会的规则来指导贫困农民的易地搬迁和产业发展等，比如易地搬迁就是考虑到贫困农民居住地环境的恶劣，在原地帮扶可能很难提供公共产品和实现家庭的增收，即使可以达到也会付出相当的成本，从投入与产出的经济学算法来看，一次性搬迁要经济得多。但是这种算法没有将贫困农民的社会关系维度考虑进去，贫困农民生存于亲属社会之中，就如鱼生活于水中一样，易地搬迁后与陌生的人住在一起很难及时建构起同样的亲属关系，原来亲属社会中的相互关照相互熟悉相互亲近的感觉缺失后，会感觉生产生活不方便，会感觉丧失了生活的意义。再比如，产业扶贫是要求村民搞理性算计，要在家庭的投入与收益之间计算利润，但是贫困农民生活于亲属社会之中，亲戚之间有什么困难常会出手相助，不取分文，可是产业扶贫使大家认识到劳动的货币价值，需要进行经济成本的算计，这与亲属社会的相互帮忙只是一种友情和道义的原则相冲突。所以贫困农民对于易地搬迁和产业扶贫都表现出一定的抵触情绪。

最后，日常生活中的互助与人情。

一种社会结构或制度规范的存在，总是要发挥一定的功能，"总是意味着对某种需要的满足"。亲属社会作为一种人与人之间互动形成的相对稳定的模式，总是要满足个体的一些需要。否则，这种结构就难以持续地存在下去。一般来说，作为自然村内的一种整体性结构，亲属社会对于个体成员的日常生活发挥着三种正向功能。首先，帮工。村落的形态受制于住民的作业。[①] 因山区村庄的特殊地理环境，建房、种地等劳动强度都要远远高于平原地区，劳动效率也要低于其他地区，如果靠一个人或者一家人连续劳动，就很难完成，比如建房要到山上去砍木头然后抬回来，至少要两个男劳力才能将几十根木头抬回来；再比如种玉米，一般三五家相互帮忙，在一周内要全部种完，否则就有可能错过农时。在生活生产中，需要互助的事项有建房、打小麦、种玉米、砍柴和拉粪等。建房时的帮工范围扩大到整个自然村，家里没有事干的就来帮忙，一天来四五个人帮工，一栋房子一个多月就盖好了，一家要帮一两个工。而打小麦、种玉米、砍柴、挖土豆等则根据活轻活重来请不同的亲戚

---

① 费孝通：《六上瑶山》，北京：群言出版社，2015，第106页。

相助，但往往会请一些关系比较亲密的（如表 3-1A 自然村会计的两次请帮工）。这些亲戚中既有血缘、姻缘等天赋亲密型的关系，又有结拜的亲家等后天建构型的关系。

表 3-1　云南 N 村 A 自然村会计 2017 年上半年两次请帮工统计

请工项目	种玉米	打麦子
请工人员	小舅、一个堂姐、亲家母、媳妇小妹的公婆、丈母娘	两个堂姐、亲家、亲家母、媳妇小妹的公婆、丈母娘
请工时长	2 天	2 天

其次，借钱。山区农村，地薄产少，农作物基本上用于自食或者牛羊猪鸡等畜禽的喂养，牛羊猪鸡等一般也主要用于家庭内消费。这种家计模式属于自给自足的家庭内部循环的山区小农经济形式。因此，农户在经济上每年结余很少，要是遇上"大事"需要用钱，就要找周围的亲戚借（见表 3-2 和表 3-3A 自然村会计借进借出统计）。

表 3-2　云南 N 村 A 自然村会计 2015 年借钱买面包车

单位：万元

借钱对象	岳母	小妹	二姐	媳妇的大堂姐	一位结拜兄弟
数额	1	0.7	0.5	1	0.5

表 3-3　云南 N 村 A 自然村会计 2016 年借钱给亲戚

单位：万元

借出对象	二伯的女婿	媳妇的小舅	二姐
数额	1	0.5	0.3
用途	建房	建房	县城买房

从表 3-2、表 3-3 中可以发现 A 自然村借钱有以下几个特点。一是建房、买房和买车等重大支出需要找亲戚借钱。此

外，还有生大病、孩子上高中读大学等也要找亲戚借钱才能顺利渡过难关。二是一般要找好几家借钱才能凑够所需数目，A自然村会计买车共计4万多元，找五家亲戚借了3.7万元，几乎是借钱买车了。三是借钱的对象比较广泛，所有的亲戚都可以借钱，并没有一个亲疏远近的范围。四是借进借出比较平常。A自然村会计说："2015年找亲戚借了钱，除了岳母的1万元没有还，其余的都还清了，去年三家亲戚急需用钱，又借给他们一些钱。"由此可知，借钱是村庄中比较普遍的行为，是村民解决日常生活中"大事"的重要手段。另外，借钱有一个民间不成文的规矩：借进借出都没有利息，没有借条，也并不规定还款时间；但借入方一般会有还钱的压力，有了钱就要及时还钱，最长可以拖一两年。以上村民之间的相互借钱表现了亲属社会的经济结构。

最后，节庆与人情。在A自然村内，办酒席请客吃饭是比较常见的事情（见表3-4），也是亲属社会内部必需的社会交往。

从表3-4可知A自然村的节庆与人情具有以下特点：一是每家每户一年都要请三次客，即在过年、过火把节和杀年猪时都要请客人到家里吃饭，这已经成了常规性的节庆仪式；二是人情并不复杂，名目比较简单，每个人一生只请三次客，即出生后满月、结婚和白事；三是节庆与人情请客以自然村内部相互来往为主；四是办不同名目的酒席，会请不同的亲戚到场，按照过年、过火把节、杀年猪、小孩满月、结婚和白事的顺序，所请亲戚范围按血缘、地缘关系由少到多（以户数算）、由内而外不断扩散；五是过火把节和杀年猪要轮流请客，以前常常持续一个月，现在稍有减少，大约会持续半个月的时间，而过年和小孩满月、结婚、白事一般两三天；六是喝酒时，常常要

表 3 - 4 云南 N 村 A 自然村一般人家的节庆与人情往来情况

节庆与人情 项目	①过年	②过火把节	③杀年猪	④小孩满月	⑤结婚	⑥白事
客人及亲戚关系	父子两代夫妻的亲戚	父子两代有时也请各答的亲戚、干亲、结拜兄弟	除②外，自然村内的亲戚旁劳支及亲戚的亲戚	除③外，村内会有60多家送祝米（大米、糖和鸡蛋）的村民，外村和镇上的亲戚也会来	除④外，村外的所有亲戚朋友都要请来，村内的每户都要请到，包括在外务工者	所有亲戚、自然村内每户都会不请自来1人，各家带1公斤自来酒、4公斤大米或苞谷
客人数量	2~4 桌	9 桌	16 桌	25~26 桌	35~40 桌	11~12 桌

唱酒歌，各桌之间也会相互敬酒唱歌，有欢迎歌、劝酒歌、送别歌等，一场酒喝下来要三五个小时。

与有些地区每次办酒席所有的亲戚朋友都要到场祝贺不同，A 自然村每一个节庆与人情酒席都请不同范围的亲戚相聚，其中的逻辑在于成本与关系建构之间的张力。每年的常规性酒席，一次要花一两千元不等，三次就要三四千元；小孩满月有点亲戚关系的（四五十户）都要来，花销在五六千元；结婚则全村都要来，开支在 1 万元左右；白事因互助性更强，大家带米带酒，开支相对较少。显然，如果每次都将所有亲戚以及自然村村民请到，就会出现谁也负担不起的情况，那么维持亲属社会关系的成本就会将所有家庭压垮。因此在酒席仪式中，根据不同的节日性质请不同关系的亲戚，这样既可以节省成本，又可以将每种关系都维系起来。每年的常规性节庆，根据关系亲疏来请不同的亲戚，就将亲戚建构起了差序性关联。结婚与白事是人生两件大事，全自然村每一户都要参与互动。而就全自然村而言，每年都有结婚与白事发生，那么每年全村人都有机会聚在一起，在同一个场域中互动，不断确认谁与谁是什么亲戚关系，进而强化"我们都是亲戚"的整体性认知。

可见，在 A 自然村内，村民通过亲戚关系形成的亲属社会具有很强的保护功能。这种保护功能体现在生产互助、建房互助，以及大事情上的经济资助。也就是说，亲属社会增强了以家庭为单位村民的抵御风险能力。自然村内村民还有丰富的节庆与人情往来，使人生充满了特殊社会意义。村民之间真正做到了"乡田同井，出入相友，守望相助，疾病相扶持"。但是精准扶贫会从不同的方面打破这种共同体：精准扶贫号召村民外出务工，参与全国现代劳动力市场竞争，获得工资性收入，但是离家远行就不能参与村民之间的互助，有脱离亲属社会的经济支持结构的风险；精准扶贫要求贫困农民发展产业脱贫致富，但是村民都大力发展产业，重新改变了劳动力在村庄内部的配置，就会打破村民间的劳动协作体系；精准扶贫要求贫困农民易地搬迁，但是村民带不走亲属社会的关系，到新的地方后很难及时建立起互助协作的社会关系。所以村民对于精准扶贫抱着审慎的态度，这使精准扶贫陷入"打空拳"的境地。

（四）亲属社会与精准扶贫的矛盾关系

亲属社会作为一种村庄社会结构，形成于云贵高原上一个个封闭的自然环境与独特的移民历史之中，通过血缘、姻缘关系的纵向延伸与横向拓展，整个自然村都被纳入亲属关系结构之中，人们通过日常生产生活中的劳动、经济互助与人情交往不断强化结构认同，从而应对生活中的不确定性因素造成的困境。这种社会结构是对传统农耕社会以及独特的山村生存环境的一种反映，当精准扶贫携带大量现代性元素试图改变村民的贫困生活时，就会遭遇亲属社会的阻碍。

1. 封闭性扶贫空间与开放性全国市场之间的矛盾

自 20 世纪改革开放以来，我国进入"市场转型"的历史时期。这场"市场转型"是一件在全世界几乎所有曾经建立了现代国家干预主义体制的国家中普遍发生的事情。[①] 我国现在已经完成了"市场转型"，建立了中国特色社会主义市场经济体制，并且国家反复强调要"让市场在资源配置中起决定性作用"。省委组织部在云南 N 村的驻村扶贫干部说："自扶贫工作组

---

① 谢立中：《迈向对当代中国市场化转型过程的全球化分析——一个初步论纲》，《求实》2016 年第 2 期。

2012 年驻村以来，在 N 村搞了 20 多个扶贫产业，但绝大多数以失败告终，几百万元的投入都打了水漂。扶贫产业包括魔芋、辣椒、白菜、苹果、花椒、核桃等种植产业和黑山羊、壮鸡、肉牛等养殖产业。这些产业的失败有种种原因，比如缺少资金的持续投入、缺少技术人员的跟踪指导、缺少贫困农户完全参与，但非常重要的一条是 N 村扶贫产业无法与全国性商品市场正常对接。"

个人在市场上的努力是否最终获得相应的收益，并不取决于个人的主观评价，而取决于市场对这种努力的评价，而这种市场评价充满着不确定性。[1] 一个村庄的扶贫产业成功与否受到全国性的开放市场的评价，从 N 村的实践来看，这种评价往往都是失败的，因为扶贫产业与全国性市场之间存在如下矛盾。首先，扶贫产业的高成本与全国性市场的优胜劣汰定律的矛盾。集中连片贫困地区的村庄基本上都是较为封闭的村庄，在这样的村庄中搞扶贫产业，生产出来的商品肯定是高成本的，一是技术成本高，集中连片贫困地区的农村贫困人口的贫困程度深、知识水平低、自我发展能力弱，要想使他们具有产业生产的技术水平，就要长期跟踪搞产业知识培训，但是在偏远山村缺乏技术人才。二是组织成本高，偏远农村的贫困人口在长期的封闭环境中已经习惯旧有的生产方式，现在让他们按照新式方法搞种植养殖，他们很难转变观念。如 N 村 A 自然村发展扶贫养殖肉牛产业，要求每户都要及时给肉牛打预防针，但是村民都不愿意花几十元打预防针，驻村干部、村干部和兽医不得不挨家挨户做工作，但最终仍有一些村民并不接受给肉牛打预防针。三是销售成本高，集中连片贫困地区基本上都位于偏远地区，

---

① 李鹏：《共享发展视野的精准脱贫路径选择》，《重庆社会科学》2017 年第 2 期。

远离中心城市和产品消费市场，市场主体缺乏（农业经纪人、批发商、专业性销售组织等商业主体数量少），无法接受富裕经济地区的经济辐射，这导致农村贫困地区成为经济社会发展的边缘地带。[①] 所以，仅从经济学的成本与收益的关系来看，扶贫产业的商品在全国性市场中并不具备质优价廉的竞争优势。

其次，扶贫产业发展的政府主导与扶贫产业商品的市场选择的矛盾。政府主导是我国反贫困的一大特色，也是社会主义制度优势所在。产业扶贫主要帮助农村贫困人口融入产业化进程中，通过发展产业增加收入。[②] 产业发展本身存在市场主义逻辑，追逐利润，追求各类资源特别是经济资源的市场配置和经济效益的最大化。[③] 但是政府主导的扶贫产业往往秉持与市场主义逻辑不相融的事本主义逻辑，即为了发展扶贫产业往往盲目选择一些没有竞争优势的产业，往往以种植养殖业为主，且重生产、轻销售，重视基础设施建设和产业前期的规模、技术、生产等有形状态，而忽视了产品销售的市场潜在风险。[④] 此外，政府虽然具有动员大量资源的优势，但在贫困现状多样、贫困成因多元的背景下，政府难以准确把握扶贫产业发展的自然条件、社会基础以及市场需求，常常会出现资源的误配置和扶贫的低效率。[⑤] 所以在西部贫困地区农业产业扶贫过程中，产业发展与政府高位推动的预期存在很大的差距，表现为政府干预过

---

① 陈成文、李春根：《论精准扶贫政策与农村贫困人口需求的契合度》，《山东社会科学》2017 年第 3 期。

② 陈成文、李春根：《论精准扶贫政策与农村贫困人口需求的契合度》，《山东社会科学》2017 年第 3 期。

③ 黄承伟、邹英、刘杰：《产业精准扶贫：实践困境和深化路径——兼论产业精准扶贫的印江经验》，《贵州社会科学》2017 年第 9 期。

④ 陈成文、李春根：《论精准扶贫政策与农村贫困人口需求的契合度》，《山东社会科学》2017 年第 3 期。

⑤ 林俐：《供给侧结构性改革背景下精准扶贫机制创新研究》，《经济体制改革》2016 年第 5 期。

多、经济效益不高、贫困群众收益有限等问题。①

最后，封闭村庄内部的扶贫与全国市场的张力，也是扶贫的社会道义与市场选择的矛盾。习近平指出："贫困地区发展要靠内生动力，如果凭空救济出一个新村，简单改变村容村貌，内在活力不行，劳动力不能回流，没有经济上的持续来源，这个地方下一步发展还是有问题。一个地方必须有产业，有劳动力，内外结合才能发展。"②产业发展在精准扶贫的"六个一批"中占据首要位置，扶贫资金的70%都要用于产业扶贫。从平等角度来看，集中连片贫困地区的贫困是长期以来市场主义逻辑下社会经济福利分配不公平的结果，是市场失灵的表现，是国家发展不平衡的重要表现。所以，政府支持集中连片贫困地区的产业发展，正是为了实现使贫困人口共享发展成果的道义和维护社会稳定。③但是这种具有社会道德意义和国家政治目标的国家干预式的精准产业扶贫也应该在市场经济的范畴内发挥作用，不能任凭扶贫的道义情怀做主，以做大做强产业的表面功绩掩盖市场选择的硬核排斥。因此，地方政府的产业规划要遵循市场规律和群众意愿，充分依赖和发挥市场机制作用，将对具体产业发展项目的干预保持在最低限度。④

2. 村庄整体性结构与个体现代性行为之间的冲突

精准扶贫奉行分类分批的扶贫理论，即"通过扶持生产和

① 杨振强：《精准扶贫视域下西部贫困地区农业产业发展模式研究》，《学术论坛》2017年第3期。
② 杨飞：《习近平的扶贫观：让贫困群众真正得到实惠》，中国日报网，2017年2月23日。
③ 〔英〕科斯、王宁：《变革中国：市场经济的中国之路》，徐尧、李哲民译，北京：中信出版社，2013，第243页。
④ 杨振强：《精准扶贫视域下西部贫困地区农业产业发展模式研究》，《学术论坛》2017年第3期。

就业发展一批，通过移民搬迁安置一批，通过低保政策兜底一批，通过医疗救助扶持一批"，其中低保政策兜底、教育扶贫和医疗救助是国家财富直接转移支付给贫弱农民，体现了一种经济道义支持，并未对贫困人口造成文化价值观念的直接再造。"通过扶持生产和就业发展一批主要针对具有发展生产基本条件的贫困地区和具备劳动能力的贫困人口，通过解决制约发展的突出问题、实施特色的扶持政策、加强对劳动力的就业培训，增强贫困地区的发展能力，提高贫困人口的就业能力，促使贫困地区和贫困人口摆脱贫困；通过移民搬迁安置一批主要针对不适合人类居住及不适合发展生产的自然条件险恶的贫困地区的人口，通过有计划地搬迁，把人口全部转移至宜居地区，并继续帮扶直至脱贫。"① 可见，精准扶贫扶持贫困农民生产、就业与易地搬迁携带着现代社会主流的价值观念，要对贫困人口的传统文化进行文化再造。

扶持生产和就业与易地搬迁就是要改变村民的传统生活方式，就是要将村民纳入具有现代性意义的社会生活或组织模式之中，并可能会造成村民发展历史阶序的"现代性的断裂"②。这些隐藏的改变与村民所生存的整体性的亲属社会结构至少存在以下两组矛盾。一是在场与缺场的矛盾。村民生活于亲属社会结构之中，空间和地点总是一致的，对于大多数人而言，在大多数情况下，日常的社会生活的空间维度都受在场的支配。村民遵循日常的生产劳动、建房、丧葬等大事方面的互助规则，在固定的节日和家庭成员的生死嫁娶等重要日子都参与给定的面对面的互动情势之中，亲属社会是他们最重要的影响客体。

---

① 刘义圣、许彩玲：《习近平反贫困思想及对发展中国家的理论借鉴》，《东南学术》2016 年第 2 期。
② 〔英〕安东尼·吉登斯：《现代性的后果》，田禾译，南京：译林出版社，2011，第 4 页。

村民具体在场性互动生产了亲属社会的主体性，形成了独特的文化与价值观念，也形成了村落内部的经济循环与支持体系。但是产业扶贫、向外输出就业和易地搬迁，迫使大量村民在亲属社会中缺场，这逐渐将他们的工作与生活的空间从亲属社会中分离出来，远离了任何给定的面对面的互动情势，村民的生活"完全被远离他们的社会影响所穿透并据其建构而成"①。二是理性与非理性的矛盾。韦伯认为，新教伦理产生了资本主义精神，"将赚钱作为其自身的目的，并将其作为一种天职去履行"，同时，"禁欲主义开始改造现世"，"物质财富便获得了一种控制人生的力量，这是一种前所未见的力量，并且不断增强直到无法抗拒"②。在亲属社会结构中，村民并不需要理性精神，村民的种地收成基本上都用于家庭成员与猪牛鸡羊等的内部消费，村民之间在大事上的互助以及人情往来也并不出于理性考虑，付出与回报常常在整个人生甚至代际才获得平衡，有时更多是出于一种道义的行为。但是精准扶贫鼓励村民搞产业要实现利润核算，鼓励村民外出打工要以经济收入为目标，鼓励村民搬迁新居要以生活环境和生产收入来评价等，这些行动将现代理性价值植入村民的日常生活之中，从而改造村民的生活。正是因为村庄的整体性亲属社会结构与精准扶贫携带的现代性之间的矛盾，村民一时难以接受精准扶贫的行为，所以贫困农民常常没有积极性参与扶贫产业，不愿意易地搬迁，不愿意外出务工等，村民不愿意离开亲属社会给精准扶贫造成了困境。

　　精准扶贫中现代性对整体性亲属社会结构的冲击与强势再

---

① 〔英〕安东尼·吉登斯：《现代性的后果》，田禾译，南京：译林出版社，2011，第16页。

② 〔德〕马克斯·韦伯：《新教伦理与资本主义精神》，马奇炎、陈婧译，北京：北京大学出版社，2012，第66、183页。

造，正是其他地区很多农村早已经历过的乡村主体不断丧失的过程。农村地区本来有一套自己的规则、自己的文化认同和价值体系，但是，在现代化、城市化和消费主义的冲击下，这套体系目前正在瓦解，中青年农民认同城市的文化，认同所谓现代的东西，农村文化的主体性在消失。随着乡村主体性的丧失，乡村的贫困问题可能会越来越凸显，因为主体性的丧失也意味着互助性的丧失与个体理性的张扬，乡村中处在较低地位的人将无法得到村社内的支持和帮助。[①] 当前的精准扶贫坚持市场主义的思维方式，政府又采取事本主义进行强力推动，这将会直接再造贫困农民的个体主义文化观念，不断切割亲属社会的整体结构，导致其被生硬地撕裂，给村民带来极度不适应，所以村民对于精准扶贫保持审慎的态度并有抵触情绪。

3. 亲属社会的确定性与精准扶贫的非确定性之间的对立

从某种意义而言，对于生活于亲属社会中的贫困人口进行精准扶贫，就是要帮助贫困人口实现从传统向现代的加速转变。现代化是从农业社会向工业社会转变的过程，在这个过程中，经济增长和工业化是基础，伴随其发生的就是追求高消费及生活质量。人是现代化的主体，社会制度、物质生产方式的进步必须与人的发展相结合。那些先进的制度要获得成功，取得预期的效果，必须依赖运用它们的人的现代人格。无论哪个国家，只有它的人民从心理、态度和行为上都能与各种现代形式的经济发展同步前进，这个国家的现代化才能真正得以实现。可见，现代性是贯穿于现代社会生活过程中的人们的内在精神和品质。

---

① 邱建生、方伟：《乡村主体性视角下的精准扶贫问题研究》，《天府新论》2016年第 4 期。

来自不同文化的人，一旦置身于现代化的工业和其他现代环境中，就会基本上顺应这种环境，经历人格上的改变，产生具有某些共同性的精神状态和行为活动方式，成为现代的个人。现代化建设的动因来源于人类对物质欲望的需求，现代性成长则是人类对自身全面发展和完善的不懈追求，在当下也包括理性精神与消费欲望的建构，[①]要实现一种深层"价值秩序"的位移和重构，[②]体现为历史的确定的价值偏爱系统。[③]贫困人口仍然生活于传统社会之中"享受"贫困是一件令人痛心、令国家担忧的事情，精准扶贫帮助其快速向现代转型无疑具有历史的正确性。

贫困人口从传统向现代转型的过程中，必然要经受一些"现代性的断裂"的痛苦。其中收入的不确定性、支出的不确定性和不确定的心理感受对于贫困人口从传统向现代转型具有重要的影响。云南 N 村 A 自然村的亲属社会结构实际上对于应对传统生活中的不确定性产生了积极作用。在 A 自然村，种植作物和养牛（猪、鸡）等养殖业构成了家庭的主要收入来源，因生态环境与生活方式的限制，物产相当贫瘠，亩产只相当于平地的一半，并且所产谷物基本上用于家庭内部人口与牲畜的消耗，并不参与市场交换，就是畜禽也主要用于家庭消耗，只有急需大量资金才卖。另外，过日子还有自然的馈赠，比如上山采蘑菇、找马蜂窝、抓鸟等。所以村民的收入虽然很少，但基本比较确定。村民的支出也比较稳定，生活上的食物都是家

---

①　史传林：《新农村建设中的农民现代性成长困境与选择》，《中国特色社会主义研究》2006 年第 6 期。

②　曹东勃：《现代性变迁与村庄传统结构的重塑——鲁中 D 庄调查》，《华南农业大学学报》（社会科学版）2012 年第 1 期。

③　周德新：《乡土文化开发利用中的传统性与现代性悖论及其克服》，《理论导刊》2011 年第 9 期。

庭内部生产的，比较大的开支在于家里有孩子读高中或大学，在于有家庭成员生重病，在于建房。但是这些消费是在人的一生中慢慢展开的，并且亲属社会内部可以相互借钱与帮工，渡过一时困难是相当容易的，然后再慢慢还钱与还劳力，所以村民对于人生的困难如何应对都有稳定的心理预期。可是，精准扶贫要让村民参与全国性的劳动力市场和商品市场的竞争，这给村民带来了相当大的不确定性：村民外出务工参与的是全国性的劳动力市场，因个体素质比较低，很有可能找不到工作，参与扶贫产业生产的"商品"也要参与全国市场竞争，不能做到"价廉物美"就没有竞争力，就有可能血本无归，所以收入就具有相当大的不确定性。一旦参与全国性的劳动力市场和产品市场之中，村民的消费范围就会扩大，比如要租房子，要买好看一点的衣服，要拥有现代电子产品等，这些开支随着工作环境变化而有不同的要求，具有相当大的不确定性。此外，当投入现代化的市场之中后，亲属社会结构的劳动与经济互助的确定性也被打破，在遇到大事时，有可能很难获得帮助，心理的不确定感受就会增强。生活于亲属社会结构中村民的确定性，与精准扶贫让村民参与现代化市场的不确定性，形成了比较强烈的对比。按照"前景理论"①，村民肯定会选择退回亲属社会结构之中。

村民不愿意接受精准扶贫，主要在于精准扶贫将村民置于现代化的风险之中，其中包括城市化风险与市场化风险。当前

---

① "前景理论"具有三大基本特征：一是大多数人在面临获得时是风险规避的；二是大多数人在面临损失时是风险偏爱的；三是人们对损失比对获得更敏感。因此，人们对损失和获得的敏感程度是不同的，损失时的痛苦感要大大超过相同的获得时的快乐感。其中"前景理论"的第三个特征，也被称为"损失规避"特征，描述了当人们做有关收益和有关损失的决策时表现出的不对称性。简单地说，就是"白捡的100元所带来的快乐，难以抵消丢失100元所带来的痛苦"。参见陈冲《收入不确定性的度量及其对农村居民消费行为的影响研究》，《经济科学》2014年第3期。

的全国劳动力市场首先是按受教育程度分层，受教育程度高的，工作起点就高，工资水平也相对要高。N村大多数外出务工青年仅有初中文化水平，只能从事简单的技术含量低、劳动强度大、工资水平低的工作，比如建筑工或餐厅服务员。这些劳动密集型工种，几乎没有上升渠道，也不能长期持续，随年龄增长而被市场淘汰。所以无法在城市里买房以及负担子女教育等各种消费开支。再看产业的市场风险，我国已经建立起全国性市场，特别是精准扶贫产业多集中于牛、羊、猪、鸡等的养殖与核桃、花椒、苹果等的种植方面，当这些产品在全国普遍"开花"时，最终产品肯定都是"白菜价"。脆弱的村民如何抵御如此强劲的风险，就是有政府帮忙也无法从根本上解决问题。

（五）精准扶贫应对亲属社会制约的可能性路径

亲属社会给精准扶贫造成了结构性困境，如果精准扶贫继续以市场主义逻辑和行政逻辑强行推动，不仅会出现市场失灵和政府失灵的现象，而且可能会造成集中连片贫困地区陷入发展的陷阱，可能会造成集中连片贫困地区社会的解体与失序，所以精准扶贫要重视为贫困人群提供响应市场的条件，要利用亲属社会结构优点将村民组织起来，要不断帮助村民增强应对现代风险的确定性。

1. 精准扶贫要慎搞产业帮扶，要多为贫困村民提供响应市场的条件

有些地方在精准扶贫中强调要将帮扶资金的70%用于产业扶贫。其中潜在的意识是只要产业发展上去了，贫困农民就会从商品销售市场中获利，就可以发家致富，就可以实现脱贫。

当然，这种要帮助贫困农民增加经营性收入的想法或者方式是一种非常必要的应对措施，并且在一些地方也已起到了非常好的效果。但是必须清楚的是精准扶贫产业也应该让市场在资源配置中起到决定性作用，政府和扶贫干部都不能代替市场，只能顺应市场进行恰当选择。当前在一些地区均出现了盲目上马扶贫产业的现象，其中很多就像云南 N 村的二十多个产业一样还没有产出就倒闭了，有的是刚上市就成了夕阳产业。这种现象正是没有顺应市场规律而做出的"情怀性"选择的直接后果。所以，精准扶贫在搞产业扶贫中一定要慎重，确实有市场前景的就发展，千万不能以情怀的名义搞出一批批的失败产业。

既然产业帮扶有巨大的市场风险，那么就应该规避产业失灵，但是扶贫还是要鼓励贫困农民参与全国性市场，应该着眼于提高贫困农民响应全国性市场的能力，要做好以下几方面工作。其一，进一步做好水电路等基础设施建设。在云南、贵州山区农村调查时发现，很多村庄村民在近两三年才开始大量外出务工，主要原因是近几年才修通了通村入户公路，才打通了村民与外界联系的通道。有村民说，以前要想到镇上都要背着干粮走一两天，外面的货物运不进来，山里的特产根本运不出去。其二，进一步做好基础教育。办好义务教育，可以防止贫困文化的代际传递。① 大力发展集中连片贫困地区的义务教育，提高贫困地区儿童和青少年的入学率，促使其学习主流文化知识，形成主流文化价值观，掌握融入全国市场的基本知识和技能，为他们成人之后进入全国劳动力市场打下基础，一旦进入全国劳动力市场就可以摆脱贫困。搞好基础教育对于精准扶贫来说并不是一种立竿见影的措施，却是一种培养贫困群众可持

———————————

① 贺海波：《贫困文化与精准扶贫的一种实践困境》，《社会科学》2018 年第 1 期。

续发展能力最为重要的措施。其三，进一步做好医疗卫生保健工作。在集中连片贫困地区，一方面因居住分散，村庄距离乡村卫生点比较远，另一方面村民常常不愿意花钱看病，常常是小病拖成大病，严重影响了家庭劳动力的正常劳动收入，所以当前应该注意加强乡村医生的建设活动，要开展定期不定期的送医上门活动，及时消除疾病对劳动力的制约影响。

从某种意义而言，在精准脱贫战略中，政府的主要职责并不在于一定帮助贫困群体搞产业发展，而是在于扩展贫困群体参与全国市场的工资性与经营性收入途径，要弱化家庭出身、个人禀赋和运气等随机性差异对享有均等发展机会的影响，确保农村贫困人员享有平等的发展机会，从而维护社会公平正义。① 要想实现机会均等，精准扶贫就要瞄准并不断改善贫困群体参与全国市场的基础性条件，条件改善了，贫困人员自然会响应全国市场发展带来的机会，一个家庭只要有一到两个人能够参与市场竞争，能够获得工资性或经营性收入，这个家庭就会摆脱贫困。精准扶贫应该超越纯市场的逻辑，重视和发挥市场机制作用，消除人为干扰和制度偏差对贫困人员充分平等参与市场活动的影响，要通过完善和规范制度供给以及一些基础性条件供给为市场机制正常运行提供充足保障。

2. 精准扶贫要利用亲属社会的结构优势将村民组织起来

分散的中国小农户需要组织起来，除了应对生产中的需要以外，还有如何面对市场的问题。小农户与大生产的矛盾以及小农户与大市场的矛盾，是当前农业经营中的两对基本矛盾。②

① 李鹏：《共享发展视野的精准脱贫路径选择》，《重庆社会科学》2017年第2期。
② 贺雪峰：《组织起来》，济南：山东人民出版社，2012，序言：第2页。

随着中国城镇化速度的加快，农村人财物大量流出，农村内生秩序能力不断下降，对农村社会的稳定产生了严重影响。从集中连片贫困地区来看，因参与全国市场以及城镇化的时间节点要晚得多，村庄内部的传统社会关系保持得比较完整，并且大多数外出的村民认为，无法在城市定居，以后还是要回到村庄养老，所以当前利用村庄中的亲属社会结构将村民组织起来可以起到事半功倍的效果。

亲属社会结构本来是村民长期应对生产生活中的种种不确定性而形成的社会关系网络，将每位村民都织进网络之中，就给每位村民建构起防患风险的墙壁，但是随着外出务工人员越来越多，也有可能解体。当下，在亲属社会结构基础之上，要认真搞好三个方面的组织建设。一是要培育村庄内部的社会组织。亲属社会作为一种整体性的社会结构，是覆盖全部村民的，但是随着年轻人不断外出务工，这种社会结构会越来越缺乏主体性力量。一般来说，年轻人外出务工，老年人会留守在家，所以可以在自然村内部建立老年人协会，让老年人管理老年人，服务老年人，并且还可能会参与村庄内部的治理活动。这样就可以使亲属社会的整体性团结传递下去。二是要建设经济互助合作组织。在集中连片贫困地区，因自然环境特别恶劣，从事农业生产与销售都很困难。建立经济互助合作组织，可以解决农田灌溉、耕种与收获等生产环节的合作问题，也可以解决农户生产出的猪、牛、鸡等物产的销售问题。比如，在云南 N 村，村民喂养的黄牛、壮鸡等因无法运往山外实现销售，变现率极低，如果有个经济互助合作组织来服务，将极大增加贫困村民的家庭收入。三是要建设好自然村的基层组织。在云南 N 村，每个自然村都设有一名村主任、一名支部书记和一名会计，通过建设，基层组织基本上成为自然村内的核心组织力量，可以组织如斗牛节等集体活动。自然村内部的基层组织建设的重要性在于基层组织可成为村庄内部的核心力量，成为村民应对生产生活中困难与风险的主心骨，可以顺利地将自上而下输入的资源在村庄内部进行分配，进而可以在总体上维护农村社会的稳定与安全。在亲属社会基础上建构起这三种组织，就可以帮助村民应对日常生活的困境，对接国家的相关政策法律制度。

集中连片贫困地区有特殊的相对传统的社会结构，精准扶贫如果一味利用市场主义对其切割，就可能会严重影响当地的社会生态，会破坏村庄的主体性。如何运用乡村中自主的力量解决其自身的社会服务问题，是乡村主体性得以彰显的一个根本问题。在集中连片贫困地区，精准扶贫还要注意根据当地的社会结构特点，不断强化村民的社区关怀，使乡村的弱势者不出村庄即能得到基本（包括物质）帮助，使乡村文化的互助性得到恢复，使乡村经济的自主性得以保持。①

3. 精准扶贫要增强贫困人口向现代转型的确定性

精准扶贫采用市场主义逻辑，鼓励贫困农民参与市场竞争，获得经营性收入或者工资性收入，从而扩展他们的收入渠道，最终实现脱贫。但是贫困农民不断与现代社会相碰撞，肯定会遭遇"现代性的断裂"带来的风险与不确定性。根据上文提到的"前景理论"，贫困人口很可能会选择退回亲属社会结构，以求保护。在云南 N 村调查时，我们经常遇见一些在外务工的年轻人返回村庄，他们返村的理由主要有家中老人生病需要照料，村内有人建房、婚丧嫁娶需要帮忙，村庄内部有公共建设需要出力，或者要参加火把节等传统节日，等等。村民对于融

---

① 邱建生、方伟：《乡村主体性视角下的精准扶贫问题研究》，《天府新论》2016年第 4 期。

入城市生活缺乏信心时，则选择继续维持亲属社会关系，以备日后在生活中降低不确定性，这是一种理性选择。

因此，精准扶贫不能一味要求村民参与市场活动，要帮助村民应对"现代性的断裂"产生的不确定性，要帮助村民保持亲属社会结构中存在的确定性，其中比较可靠的办法除了上文提到的搞好老年人协会、经济互助合作组织和基层组织建设，还应注意以下几个方面。一是提供留守老人与留守儿童的照料服务。外出务工人员最为牵挂的就是留守在家中的老人与小孩，害怕老人生病无人过问、孩子学习无人辅导。老年人协会或者基层组织可以组织起来，定期查看留守老人与留守儿童，双休日将孩子以自然村为单位组织起来开展读书游戏等集体活动。这些组织并不需要多少成本，但需要耐心做事的智慧。二是改变传统节日的庆祝方式。在集中连片贫困地区，聚居的少数民族都有各自独特的传统节日，瑶族每年农历三月三是盛大的祭祀与相亲的节日，傈僳族每年七月至八月有隆重的火把节，这些节日都需要全自然村人共同参与，很多人为了参加节日会推迟外出务工，或请假辞工回家参加节日后再去找工作，如此一来，费时费力费钱，严重影响了家庭的收入。国家基层组织完全可以引导村民制定新的村规民约，将传统的节日改在春节，这样既可以节约成本，又可以保证村民的全体参与。三是改变村庄公共建设活动的参与形式。村庄内部常常有修路、架设自来水等公共活动需要村民投工投劳，一些外出务工或经商的农户如果回来参加，会与现代工作对时间的标准要求相冲突，有可能会失业，所以村庄内部可以规定务工人员不必非得返村，可出资换工，出资钱用于参与者的部分生活费用。

村民因自身素质不高，参与全国市场的竞争存在很大的风险，并且很难顺利完成家庭的城镇化，但是当他们离土离乡到城市打拼时，村中的社会关系可能因长期不在场参与而慢慢丢失。而这些社会关系背后隐藏的村庄福利对村民应对生活中的不确定性是相当重要的，比如，在建房完全市场化的地方，一栋楼房建下来，一般要花二三十万元，而在亲属社会中，大家互帮互助，只需要花两三万元，所以保持亲属社会的关系就相当于储蓄了一笔巨大的财富。所以村庄内部提供照料留守老人/儿童的服务、将节日改在春节、以出资的方式参与村庄公共建设活动等都可增强外出务工/经商村民的在场感，使他们依然保持与村庄亲属社会的关联，从而增强他们对于未来生活预期的确定感。

（六）结语

从历史文化差异视角可以将村庄社会结构划分为南、北、中三种类型：南方地区的宗族团结型村庄、北方地区的小亲族分裂型村庄和以长江流域、东北地区为代表的中部农村的原子化分散型村庄。这些地区都是汉族聚居而形成的特有的村庄结构形式，云南、贵州等少数民族聚居的村庄与其大相径庭，拥有独特的迁移历史的村民，在应对独特的恶劣的自然环境时，将姻缘关系与血缘关系、地缘关系进行充分的融合，然后通过日常生产生活的互助、人情往来及节假日的特殊庆祝等交往互动，最终形成了整体性的亲属社会结构。

当精准扶贫采取市场主义逻辑与行政推动逻辑支配贫困农民以改造他们的生产生活时，在传统社会发挥过巨大保护作用的亲属社会结构对其产生了巨大的制约作用。精准扶贫与亲属社会形成了以下矛盾：封闭性扶贫空间与开放性全国市场之间的矛盾，村庄整体性结构与个体现代性行为之间的冲突，亲属社会的确定性与精准扶贫的非确定性之间的对立。精准扶贫要想实现最终的目标，就应该重视亲属社会的制约作用，要慎搞产业帮扶，要多为贫困村民提供响应市场的条件，要利用亲属社会的结构优势将村民组织起来，要增强贫困人口向现代转型的确定性。

从亲属社会与精准扶贫的矛盾关系的分析中，精准扶贫在集中连片贫困地区发挥治理作用时，要特别注意以下几个方面。

第一，精准扶贫要利用市场的资源配置特性，但又要防止市场带来的风险，特别是不能只搞市场主义的单边行动。

第二，精准扶贫要尊重当地的乡土文化，乡土文化产生于过去的社会，对当时经济的发展、社会稳定的维系起着特定的作用并发挥了积极的功能，是特定时期不可替代的区域文化形式，即使到当下也有其合理性，精准扶贫在推动农村现代化的过程中并不意味着彻底否定和抛弃乡土文化，而是要立足于乡土文化的开发与利用，挖掘其中蕴含的积极因素，以现代性的形式服务于新农村建设，成为社会主义新农村建设的有力推动因素。[1]

第三，在精准扶贫中，国家要警惕不要过多地介入贫困农民的生产生活之中，国家权力对农民的干预过多，往往会限制社会的活力，并且可能会造成贫困农民的高度依赖心理和出现任何困难都希望国家解决的心理。

---

[1] 周德新：《乡土文化开发利用中的传统性与现代性悖论及其克服》，《理论导刊》2011 年第 9 期。

四　贫困文化

（一）关于贫困地区反贫困的两种研究进路

自改革开放以来，中国实现了"迄今人类历史上最快速度的大规模减贫"，按照 2010 年农民年人均纯收入 2300 元扶贫标准，农村贫困人口从 1978 年的 7.7 亿人减少到 2015 年的 5575 万人，减少了 92.8%。[①] 中国农村的反贫困策略经历了一个从区域瞄准向农户瞄准的发展过程，扶贫重点由县向村再向农户转移。从 20 世纪 80 年代中期开始，中国的主要扶贫对象是国家或省确定的贫困县，2001 年开始将扶持的重点转向 15 万个贫困村，2011 年国家又确定了 14 个集中连片特困地区。可见，中国的农村扶贫长期以贫困地区的区域开发为主要手段，区域瞄准一直是中国农村扶贫的主要特点。[②] 2015 年颁布的《中共中央　国务院关于打赢脱贫攻坚战的决定》指出，我国扶贫开发已进入啃硬骨头、攻坚拔寨的冲刺期，中西部一些省份贫困人口规模依然较大，贫困程度较深，减贫成本更高，脱贫难度更大。可见，当前的精准扶贫的主战场仍然是中西部的贫困区域。

[①] 李慧：《〈中国扶贫开发报告 2016〉发布》，《光明日报》2016 年 12 月 28 日，第 9 版。

[②] 汪三贵、郭子豪：《论中国的精准扶贫》，《贵州社会科学》2015 年第 5 期。

　　随着我国区域反贫困行动的持续推进，学界关于集中连片贫困地区的研究也不断深入，其中主要有生计与文化两条研究路径。生计研究有三种视角，可持续生计视角认为，自然、物质、人力、社会等资本的薄弱导致了集中连片贫困地区的贫困，[①] 要提升贫困人口的生计资本，促使生计结构向高价值优化和向现代转化，实现减贫与社区善治；[②] 市场化视角认为，生活资料的商品化以及外出务工成为主要的替代生计方式使贫困人口完全卷入市场化进程，卷入全球经济体系的各类风险和不确定性之中；[③] "半工半耕"本土化视角认为，糊口农业和不充分的非农就业构成了"半工半耕"的双弱结构，造成了农户的经济贫困和结构性贫困，应当从改善家庭生计模式和生计结构着手，探索集中连片贫困地区的治理问题。[④] 关于集中连片贫困地区的文化研究也有三种视角，文化转型视角认为，经济生产和人口生产打破传统村寨的封闭性结构，少数民族文化必然要完成现代转型，[⑤] 并且转型不是文化移植，而是在文化交融和满足生存需要中促进族群文化发展；[⑥] 主体性视角号召，要警惕不同文化"先进－落后"阶序关系的主观偏见和避免以文化本质化、类型化的概念来分析少数民族贫困问题，提倡参与式扶贫

---

① 张大维：《生计资本视角下连片特困区的现状与治理——以集中连片特困地区武陵山区为对象》，《华中师范大学学报》（人文社会科学版）2011 年第 4 期。
② 覃志敏：《连片特困地区农村贫困治理转型：内源性扶贫——以滇西北波多罗村为例》，《中国农业大学学报》（社会科学版）2015 年第 6 期。
③ 杨小柳：《国家、地方市场与贫困地区的变迁——广西凌云县背陇瑶的个案研究》，《中国农业大学学报》（社会科学版）2012 年第 3 期。
④ 朱战辉：《半工半耕：农民家计模式视角下连片特困地区农户贫困状况及治理》，《云南行政学院学报》2017 年第 3 期。
⑤ 刘华军：《文化转型与少数民族脱贫——以贵州少数民族为例》，《西南民族大学学报》（人文社会科学版）2016 年第 8 期。
⑥ 戴庆中、李德建：《文化视域下的民族地区反贫困策略研究》，《贵州社会科学》2011 年第 12 期。

开发模式，将外部干预和内源发展相结合，有效发挥贫困者的
主体性；① 贫困文化理论视角认为，思想观念滞后、受教育程度
低和价值观念消极等因素严重制约着当地民众的脱贫致富，因
此改变民众观念、开发文化产业以及供给教育资源等有助于实
现整体扶贫的终极目标。②

　　关于集中连片贫困地区的两条研究路径各有优缺点。生计
研究主要以家户为分析单元，从微观层次指出处于连片特困地
区的农户生计资本稀缺，只能维持"弱半工半耕"的生计模
式，存在很强的市场化风险，但是家户分析是一种个体主义的
分析视角，并且从生计资本引申到家庭经济发展能力的不足与
提升，是一种贫困家庭的经济发展主义研究，对社区、集中连
片贫困地区的整体特点观照不够。文化研究秉持区域视角，认
识贫困文化的负面影响，指出要处理好地域文化与主流文化的
关系，实现地域文化的现代转型，但是区域文化的整体主义视
角，将个体当成影子悬置起来，个体失去了致贫与脱贫的行动
能力，对个体行动的表达不够。两种分析方法的共同缺陷是没
有与当前的精准扶贫政策和行动对接起来展开分析，只是从两
种视角认识贫困，然后简单推理出贫困治理措施。当前集中连
片贫困地区是难啃的硬骨头，国家正在实施易地搬迁、产业发
展、医疗救助、教育帮扶和民政兜底等政策，其中易地搬迁、
产业发展以及组织外出务工等提高贫困人口可行能力与生计资
本的做法，屡屡遭到贫困人口的畸形参与，比如，贫困群体等
着国家送"馅饼"，消极参与产业发展，直接将国家用于可持
续能力培养的钱花在建房和日常生活消费等方面。集中连片贫

---

① 王建民：《扶贫开发与少数民族文化——以少数民族主体性讨论为核心》，《民
　　族研究》2012 年第 3 期。
② 张世定：《文化扶贫：贫困文化视阈下扶贫开发的新审思》，《中华文化论坛》
　　2016 年第 1 期。

困地区的这些现象表明贫困不只是经济现象，往往也是一种文化现象，不考虑贫困地区的文化，简单地进行帮扶，效果往往适得其反。① 所以，本书将沿着文化分析路径，拓展贫困文化理论视角，意图将区域文化的整体主义视角与贫困人口的个体主义行动对接起来分析精准扶贫的实践困境及其解决之道。

贫困文化理论产生于 20 世纪五六十年代欧美的贫困研究。贫困文化是一个拥有自己的结构与理性的社会亚文化，是穷人所共享的有别于主流文化的一种生活方式。② 从狭义来看，贫困文化是指长期生活在贫困之中的一群人的行为方式、习惯、风俗、心理定式、生活态度和价值观等非物质形式；③ 从广义来看，贫困文化不仅包括这些非物质形式，还包括相对贫困人群在长期贫困生活中所创造的物质产品。④

作为一种文化模式，贫困文化拥有自身的特性。首先，贫困文化具有规范性。它是一种非正式规范，是一整套的行为方式、礼仪、风俗、习惯和规则，不断作用于人的思维、心理、行为、价值观念等，内化为人的个性，"并由一种休戚相关的'我们感'所连接"⑤ 和凝聚。在对社会成员的"社会化"和"文化化"的过程中，⑥ 不断强化其结构与形式，成为一种"历史的惰性力"。其次，贫困文化具有价值性。贫困文化有一套内在的意义系统，是各种可见文化要素的内在逻辑。陈旧落后的

① 贺雪峰：《中国农村反贫困问题研究：类型、误区及对策》，《社会科学》2017年第 4 期。
② 周怡：《贫困研究：结构解释与文化解释的对垒》，《社会学研究》2002 年第 3 期。
③ 吴理财：《论贫困文化》（上），《社会》2001 年第 8 期。
④ 方清云：《贫困文化理论对文化扶贫的启示及对策建议》，《广西民族研究》2012 年第 4 期。
⑤ 刘军宁等编《自由与社群》，北京：生活·读书·新知三联书店，1998，第 18 页。
⑥ 戴庆中：《文化视野中的贫困与发展：贫困地区发展的非经济因素研究》，贵阳：贵州人民出版社，2001，第 105 页。

价值观是贫困文化的根本表现，是一种内在的精神贫困，禁锢了人的头脑，抑制了人们改变贫困现状的信心，消磨了同贫困做斗争的意志，泯灭了创造新生活的激情，使人们安于贫困。[①]再次，贫困文化具有代际传递性。贫困文化在封闭的圈子中由长辈向晚辈传递，属于一种前喻文化。[②] 贫困文化的基本价值观念，犹如经过编码的"遗传因子"，身处其中的儿童，六七岁就已经习得贫困文化的基本态度和价值观念。正如哈瑞顿所强调的，贫困文化具有永久性格，会在代际不断传递下去。[③] 最后，贫困文化具有满足穷人需要的功能性。文化起源于个人与社会生活的迫切需要的满足，[④] 贫困文化的消极属性从总体上看是为了适应社会结构的限制和社会政策的影响；贫困文化也可满足日常生活需要，如用姐妹、伯母、叔叔之类的亲属称谓将非真正的亲戚联合起来，[⑤] 以备不时之需。

　　贫困文化是一种落后于经济社会发展要求的文化形态，包括与社会主流不相适应的宗教信仰、道德、风俗习惯、生活方式、知识结构、心理素质……贫困文化最终都是沉积在人的身上，扶贫就要依赖社会的主体人的整体素质的提高和全面发展，就要注重文化扶贫。[⑥] 但是以往的扶贫有两种特点：一是重经济扶贫，重人的生物生存，轻文化扶贫，轻人的社会塑造；二是

① 王世杰、张殿发：《贵州反贫困系统工程》，贵阳：贵州人民出版社，2003，第139页。
② 〔美〕玛格丽特·米德：《文化与承诺：一项有关代沟问题的研究》，周晓虹、周怡译，石家庄：河北人民出版社，1987，第7页。
③ 周怡：《贫困研究：结构解释与文化解释的对垒》，《社会学研究》2002年第3期。
④ 吴理财：《论贫困文化》（上），《社会》2001年第8期。
⑤ 〔美〕马克·赫特尔：《变动中的家庭——跨文化的透视》，宋践等编译，杭州：浙江人民出版社，1988，第125~126页。
⑥ 王康：《中国农村社会学研究的一部力作——评〈文化贫困与贫困文化〉》，《福建论坛》（经济社会版）2003年第8期。

文化扶贫只是一种浅层次的行动，如公益表演、免费电影等。[①]
因此扶贫不能从根本上解决问题，常陷入"脱贫—返贫"的循
环怪圈。

精准扶贫不仅要解决贫困人口的温饱问题，而且要帮助贫
困人口致富奔小康。小康生活既要有物质上的丰衣足食，又要
有精神生活上的充实，所以扶贫应该改变单一的经济思维，要
关注贫困群体的精神文化生活，让贫困群体的物质生活与精神
生活共同发展。在集中连片贫困地区，精准扶贫遭遇了贫困文
化困境，如果国家和市场继续以追加经济投资的方式来推动扶
贫事业的发展，就很难收获预期的制度红利，相反，还可能带
来扶贫治理的内卷化。因此，认识贫困文化与如何反贫困文化
对于精准扶贫的意义重大。本章将以贵州望谟的精准扶贫受村
寨贫困文化制约的现实为经验依据，探讨贫困文化对精准扶贫
的制约机制，分析精准扶贫与贫困文化的矛盾关系，进而提出
精准扶贫反贫困文化的可能路向。

本章的经验材料主要来自笔者于 2016 年 10 月底至 11 月初
对贵州望谟 M 村开展的为期半个月的社会调查。M 村是一个瑶
族聚居村，面积为 30.09 平方公里，耕地面积为 3850 亩，有效
灌溉面积为 96 亩。2016 年，M 村辖 5 个村民小组 459 户 2479
人，年满 16 岁的劳动力有 545 人，其中文盲或半文盲 167 人，
小学学历 292 人，初中学历 56 人，高中学历 22 人，大专及以
上学历 8 人；在家务农 278 人，外出务工 198 人（广东省 150
人，浙江省 39 人），在校生 69 人。务工外出时间主要集中在 3
月、4 月，其中 2016 年 3 月外出的有 106 人，4 月外出的有 61
人。所有务工人员都从事低端制造业工作，人均务工年收入在 1

---

① 胡玉兰：《解决农民的贫困文化与低社会化问题》，《求实》2008 年第 8 期。

万元至 1.5 万元，外出务工人员没有返乡创业的打算，在家务
农的只有 6 人有参加养殖培训的意愿。M 村 P 组共 53 户 250
人，经济分层如下：富裕家庭，年收入在 20000 元以上，有 5
户，约占 10%，主要靠夫妻二人整年在外打工；较富裕家庭，
年收入在 10000~20000 元，有 10 户，约占 20%，收入来自种
植香蕉和板栗，农闲兼做临工；一般家庭，年收入在 5000~
10000 元，有 20 多户，约占 50%，靠种植几亩香蕉、板栗，勉
强生活；底层家庭，年收入在 5000 元以下，约占 20%，属村中
绝对贫困户，缺少正常的劳动力，基本依靠政府救济。M 村是
一个贫困村，为了在 2016 年底实现出列，乡镇投了很多项目资
源给 M 村，有 42 万元的村两委活动室亮化工程、200 万元的养
鸡项目、50 万元的养猪项目等，特惠贷、危房改造和退耕还林
等政策也有倾斜，全乡到目前为止办理的特惠贷金额有 1000 多
万元，M 村占了一半多。

（二）精准扶贫实践困境的贫困文化制约机制

贵州山区地理环境特殊，每个行政村由 4~5 个自然寨组
成，每个自然寨一般就是一个村民小组，村民小组大的八九十
户，小的四五十户。因长期聚居在村寨，村寨就构成了一个
"小型、封闭性、不开化和同质性"① 的民俗社会，构成了村民
的基本行动单位，村民共享了一套日常生活的意义系统，共享
了一套文化特质及功能上相互联系的文化特质丛，形成了一种
与全国主流文化之间存在明显差异的村寨文化。村寨文化深植
于村寨内部村民生产生活的贫困土壤之中，在代际不断传递，

---

① 程贵铭编著《农村社会学》，北京：知识产权出版社，2006，第 225 页。

日积月累形成了一种顽固的贫困文化。正是这种贫困文化吸纳了村民的现代转型，当国家想借助精准扶贫来加速村民的现代转型时，精准扶贫却常常陷入村寨贫困文化的象征符号、地方性知识和价值观念等要素相互作用造成的结构性困境之中。

1. 坚硬的象征符号

象征符号是人类创造的文化象征体系的基本构成要素，人类的所有社会行为均依赖于象征符号的使用。人类社会中的语言、文字、姿态、行动、房屋等都是象征符号，人类赋予其具有社会实践特点的象征意义。贵州的村寨贫困文化作为一种迥异于我国主流文化的亚文化具有丰富而独特的象征符号。当含有主流文化的精准扶贫制度或者行为规范进入村寨要改变村民的生活方式时，那些带有原初意义的象征符号就成为一种顽固的阻碍力量。

首先，语言与文字。全国14个集中连片贫困地区中，如贵州少数民族地区，仍然具有自己的民族语言和文字，至今这些语言和文字仍然是村民交流与思维的重要媒介。在M村543名劳动力中，文化程度低者就达167人，这些人基本上只能说瑶话，不识汉字。这给精准扶贫造成了双重障碍：一是与外界语言不通，无法参与全国劳动力市场竞争，获得外出务工收入；二是无法与精准扶贫产业发展等政策顺利对接。一位在M村扶贫的干部说，"扶贫首要和最大的问题就是与村民的交流问题，因语言不通，不识汉字，文化程度太低，有时解说半天都不能领会扶贫政策意图，更别提如何去实施政策了"。在无法交流时，语言和文字就会失去全部的象征意义。精准扶贫的国家话语就无法全面渗透村寨社会，成为一种与村寨社会脱离的悬浮物。

其次，房屋。与宗教相关的教堂、佛塔、寺庙等都是物质象征符号，其中的象征意义非常明显。贵州村寨村民的房屋也是一种重要的象征符号。房屋都是两层红砖楼房，一般内外都没有粉刷，有些甚至没有门窗，屋内也少有像样的家具。但房屋的象征意义在于表明主人在村寨内的成员身份，与大家共享村寨空间的生存权和生活尊严，以及村寨的低产出低消费的生活方式。一些已经易地搬迁的 M 村村民，将新房锁存后重新返回老屋居住生活，其原因就是新居失去了旧房的象征意义，他们找不到身份感、权利感和尊严感，也无法承受隐藏在新居象征意义中的高消费。房屋象征意义的变化是易地搬迁的象征符号难题。

最后，农历三月三祭祖。姿态与行动也是文化象征符号的组成部分。比如点头表示同意、赞成的意思，过春节走亲戚表示血缘关系的关联性。每年农历三月三的祭祖是贵州村寨一次重要的集体行动，是村寨贫困文化象征符号的重要组成部分。瑶族的三月三祭祖与汉族的清明节差不多，但活动要丰富得多，有吃糯米饭、集体歌舞、约会等，不仅表达对祖先的怀念和祭奠，还表示对年轻人谈情说爱的鼓励与支持。村民只有参与村寨或家庭的活动当中才能够表达这些象征意义。因此，一些村民在过完春节后并不会急于出门务工，而是要等三月三祭完祖先，表达所有象征意义后再出门。2016 年 M 村外出务工的有189 人，至少有 80 人一直等到三月三祭完祖先才外出务工。而在我国绝大多数其他乡村还未过完春节年轻人就急着赶火车奔向各地城市，希望能够抢先找到一份满意的工作。

2. 强结构的地方性知识

人类文化学主张在解释中要注意"文化持有者的内部眼界"①。

---

① 〔美〕吉尔兹：《地方性知识：阐释人类学论文集》，王海龙、张家瑄译，北京：中央编译出版社，2004，第 24 页。

这种内部眼界是一种长期浸淫于地方性知识而形成的有别于主流文化的视角。相对于规章规则、法律制度等正式规范，地方性知识是包括社会习俗、民风、民德、乡规民约等在内的非正式规范。贵州的村寨贫困文化在家庭和社区两个层面都形成了独特的非正式规范，将村寨贫困文化的"持有者"编织进当地的文化结构之网，对那些尝试融入主流文化的村民产生了强劲的拉力，成为反贫困的一层厚茧。

家庭是人类的初级生活圈，家庭关系是最直接、最重要的人类关系。20世纪80年代初，分田到户之后，物质再生产、人口再生产和精神财富再生产都要在家庭内部完成，家庭规范对于人的束缚作用就成为一种"软硬结合"的约束（软约束是指家庭内部成员之间的情感关联，硬约束是指家庭是家庭成员发展的物质条件）。首先，生存性偏好的生计模式。一般农村，老人在家种地带孩子获得农业收入，年轻人在外打工获得务工收入，两种收入相加就可以发家致富，就能过上比较富裕而有尊严的生活。但贵州望谟山区农村不同。村寨内，农业仍然是粗放式经营，种地就是为了实现家庭日常生活需要的内部循环。每家种植大约一亩的水稻供自家食用，在坡地上种植一两亩玉米用于酿酒或喂猪、喂鸡等。从20世纪90年代就开始在山坡上种植油桐、板栗等经济作物，但很少管理，只是等着收获季节到山坡上去捡拾，能收多少算多少。所以村寨的农业仍是弱质性的糊口农业。对于外出打工，常常是被逼无奈的最后选择，如小孩读书、家庭成员生病、建房等家庭开支压力增大，农业收入难以维持家庭生计，才选择外出打工以打开临时困局。一旦度过困难期，就马上返回村寨。所以贵州山区是一种生存性偏好的"双弱型半工半耕"生计模式。但精准扶贫要组织贫困户外出务工，要帮助他们发展种植养殖业，要精准地帮扶他们脱贫致富。致富式的生计模式完全颠覆了他们长期持守的生存性偏好的生计模式，所以他们参与意愿不高，常常使用"弱者的武器"来应对国家的大力推动。

其次，代际关系与兄弟关系。"代际剥夺"或"代际转移"常被用来概括中西部农村的代际关系，当父代倾尽毕生心血抚育子女并为其完成婚嫁后，父子关系轴即转为夫妻关系轴，子代常常不尽养老的义务。但是在贵州山区村寨中父代抚育子女最为重要的义务是养活，没有一定要让子女受教育的义务，结婚更多是子女的事情，新房也是结婚后子代自己挣钱建造，父代要承担的是较少的彩礼与办婚宴的酒席钱。多子的，结婚一次即分家一次，孩子全部结婚后，父代一般会选择跟小儿子一家过日子，也可以与其他儿子一起生活，子女一般都比较孝顺，在外打工的也常常寄钱回来给老人用，没有听说有虐待老人的现象。至于谁该养老人，兄弟之间也没有谁在意或计较，完全随老人的心意。兄弟之间分了家，但财产常常可以共用。有一位村民的哥嫂在外打工，两个孩子双休节假日回来就在他家吃住，问他哥哥有没有给生活费，他说，都是兄弟给什么钱呢？都是他出钱养着父母和哥哥的孩子。向上流动的代际关系和分居但可部分共用财产的兄弟关系表现出一种弱家庭伦理压力关系，年轻子代就没有动力去摆脱贫困，去追求更多的财富，反正以后孩子还得靠他们自己，兄弟之间也不用攀比，只要能够过好眼下的日子就可以了。

最后，生育观念。传宗接代、养儿防老和天伦之乐是传统农民的三种生育动力。[1] 但在一般农村，传宗接代被当成封建糟粕，养儿也并不一定可以防老，天伦之乐又可能换不回养育子

---

① 贺雪峰：《乡村社会关键词》，济南：山东人民出版社，2010，第127页。

女的成本，所以很多农民不再愿意多要孩子，家庭本位主义逐渐向个人主义甚至利己主义过渡。① 贵州山区大多居住着少数民族，计划生育政策原来规定一对夫妻可以生育两个孩子，现在规定一对夫妻可以生育三个孩子，但是望谟村寨有五六成夫妻都生育有三四个孩子，可能是因为三种生育动力还在发挥作用，并且养育成本的理性算计还没有传入村寨。但恰恰是这种非成本的理性行为束缚了村民的反贫困。在调查中发现，很多家庭的妇女外出务工，男劳力却要留守在家，因为孩子上学放学要走几十里的山路，只有男子骑摩托车才能完成留守老人或妇女无法完成的接送任务，而一般有三四个孩子也无法托付给其他亲友照顾。

贵州村寨社区是一种成员间基于空间或地理位置关系结成的地缘群体，并且这种群体往往具有先赋性，群体成员从出生就获得了群体资格。群体内部会有群体规范，是村寨内人们对于当地事物格式化后的经验定型，是群体成员采取合适行为的标准。与一般农村社区相较，村寨社区的亲戚关系、人情出场与劳动互助等具有相当的地方规范性。

一般农村，亲戚关系日益疏远，正所谓"一代亲、二代表、三代了"，亲戚最多走到二代表，而现在很多地方只走一代亲，即父母兄弟姐妹要来往，往下就不再走动了。但是村寨内的亲戚关系不仅在这种纵向上可以延续至三代有时甚至四代，而且在横向上也极具扩张性，即亲戚的亲戚也往往是自己的亲戚，比如兄弟媳妇的娘家人也是自己的亲戚，这样算下来，一户人家常常有一百多家亲戚，同一个寨子内大多数都成了亲戚。M村村主任说，他所在的寨子内共有90多户，其中70多户是自

---

① 朱静辉：《当代中国家庭代际伦理危机与价值重构》，《中州学刊》2013年第12期。

己的亲戚。当然，这种亲戚关系的缔结自然有满足日常生活中互助的正向功能，但是维持这么庞大的亲戚关系需要付出巨大的成本。亲戚关系要靠人情来润滑和维持。村寨中一个人终生有三件大事：出生、结婚和去世。每件大事都要请客，所有亲戚的当家人都要出场。一百多家亲戚，如果每年按百分之三十的亲戚要请客算，那么每年也要赶三四十份人情。最为重要的人情是老人去世，一般都要停灵五天左右，亲戚要轮流派人去守夜。而这些人情都需要当家人出场，如果不出场就是不给对方当家人面子，亲戚间的和睦关系就会受到影响。

劳动互助主要体现在建房上面。与中西部的二三十万元和东部的五六十万元建一栋房子相比，村寨内建房成本极低，一般只需要五六万元。其中的原因，一方面在于房子盖得相当粗糙，大多数只是一个框架，相当于毛坯房；另一方面在于建房所需的砖都是自己烧制，只需要买水泥和沙子等无法自制的东西。此外，最为重要的原因在于建房都是村民自建，同一个寨子内的村民都会轮流帮忙，直到建房结束，节省了大量建房的人力成本。随着时间的推移，每家都可能建房，在缺少货币支付的情况下，获得这些免费人力资源对于一个家庭来说相当重要，所以要尽可能地参与这种劳动互助。

因此，很多在外务工的村民常常要请假回家赶人情或者参与劳动互助，如果人情多或劳动互助需要，就干脆辞了工作回家。这也是当地村民只打半年工的重要原因，一般每年的十月份，人情、建房就多起来，在外打工者就陆续回村，直到第二年过完农历三月三再出门，刚好在家待半年。

家庭内部代际关系、兄弟关系、生育观念与村寨中的亲戚关系、人情出场规则、劳动互助等地方性知识，将村寨内的村民束缚在结构之网上，必须在这张网中发挥适当的功能，做出合适的行为。当村民还没有做好足够的准备来挣脱这张坚韧的结构之网时,精准扶贫的经济发展与理性算计就无法成功。

3. 低层次的价值观念

价值观是社会成员对人或事物价值的判断。每一种文化都有自己的核心价值观念。如果有成员想要超越这种价值观,"所有的人都预言他将遭到失败,为的是使他这个冒失的人能够摆脱病态的幻想,使一切都能够按照秩序进行,使大家都对传统的可争议的价值感到放心"①。可见,价值观是指导人的思维与行动的起决定性作用的结构性力量。农民的价值观可以分为三个层面,即本体性价值、社会性价值、基础性价值。② 贵州的村寨贫困文化中,农民的三层价值属于一种低层次的价值观,对于村民摆脱贫困产生了价值观层面的结构性阻力。

本体性价值是关于人的生命意义的思考,要处理个人与灵魂的关系问题,是关于如何面对死亡,如何将有限生命转换为无限意义的人生根本问题,是超越价值或终极的价值关怀。在传统社会,农民的本体性价值追求就是传宗接代,延续香火。但进入现代社会后,传宗接代基本上被破了"四旧",被当成封建残余扫进了历史的垃圾堆。贵州望谟的村寨文化中,传宗接代价值观念受现代性冲击要小得多,本地依然保持着较为浓厚的祖先崇拜,各家正屋都设有祖宗的牌位,过年过节都要上香怀祭,最为重要的是每年农历三月三成为祭祖的重要仪式性节日。但有所不同的是将有限生命转换为无限意义的传宗接代不一定要由儿子来完成,上门女婿也可以接替完成,所以当地

---

① 〔法〕H. 孟德拉斯:《农民的终结》,李培林译,北京:中国社会科学出版社,1991,第45~46页。
② 贺雪峰:《村治模式——若干案例研究》,济南:山东人民出版社,2009,总序:第5页。

没有一定要生儿子的强烈欲望，但是多生几个的欲望比较强，一般家庭生三四个孩子为正常。如上文所述，正是这种"多生"本身就构成了反精准扶贫中劳务输出的机制。

社会性价值是关于个人在群体中的位置及所获评价，关于个人如何从社会中获取意义的价值，要处理人与人、人与社会的关系问题，主要是个人对他人评价的感受，是从人和人的交往与关系中产生的。在一个相对封闭的社区中，社会性价值不仅体现着人生的意义，而且服务于村庄秩序的生产，那些不利于村庄秩序生产的社会性价值会被逐步清除掉。[1] 贵州望谟村寨中的社会性价值也体现在面子压力上。村寨中的面子可用物来表示，如一位村民花 4 万多元买了一辆面包车，全寨子的人都要去祝贺，礼物只是一挂三五元的鞭炮，主家要杀鸡作食为来者提供酒菜，要闹腾一两天，这在寨子里是极有面子的事情。此外，面子还可以通过仁义获得，即通过帮助别人和人情出场来获得，寨子里很多人都信奉"钱财如粪土，仁义值千金"，可以少挣点钱，但要处理好与寨子里村民的关系。村寨内面子获得有两个特点，一是成本比较低，二是表达途径多元，可以用稀缺物质表达，也可以用做人来表达。因此，村寨内部村民在互动中就可以获得生活意义，就可以获得尊严和价值，那么外出务工或者发展产业来提高家庭收入就不是一件紧迫的事情，毕竟社会性价值与此关系不大。

基础性价值是人作为生命体延续所必需的生物学条件，包括衣食温饱、口腹之欲、食色之性，要解决的是人的生物本能以及人与自然的关系问题。基础性价值要受本体性价值与社会性价值的制约。比如在一些"面子"竞争比较激烈的地方，为

---

[1]　贺雪峰：《乡村社会关键词》，济南：山东人民出版社，2010，第117页。

了建房可以节衣缩食甚至不用电灯。在贵州望谟村寨中，有祖先崇拜和传宗接代的本体性价值，但是因男女都可以传宗接代，就没有非生儿子不可的压力；村寨中的面子竞争不仅可以用物质表达，还可以通过做人来表达，就无须憋足了劲比谁挣的钱多，只要做个大家都认可的人也照样有尊严。所以，当地人过着闲散而享受的日子，比较注重吃喝玩乐，每家都要喂上两三头年猪，一年都要有肉吃，小青年常常三五成群聚在一起就着黄豆喝半天芭蕉酒。当地人都觉得辛苦是一件难以忍受的事情。遇到一位精准帮扶的贫困户，问他主要做什么工作，他说做建筑工，再问他怎么没有去做工，他说，做建筑工太辛苦了，连续做了两天，在家休息一天。在外打工的年轻人，经常在电话中向父母抱怨在工厂工作如何辛苦，父母听了就说，要是你觉得辛苦就回来吧，反正家里有饭吃。因此，吃得相对奢侈，劳动怕辛苦，成为村寨中村民应对生物学意义的身体反应的基础性价值。

韦伯从历史经济学的角度指出，新教伦理的天职观，促使人们勤奋工作，并且奉行禁欲主义，最终才有机会成为上帝的选民。① 正是这种宗教般的精神才使资本主义获得了迅速发展。贵州村寨贫困文化中的祖先崇拜已转向男女均可传宗接代的现世宽容，越来越失去了宗教般的精神。这反映在村庄社会层面，村民就并不以获得财富为生活重点，更多地注重村寨内村民间的关系互动，通过做人来获得面子，最后投射在村民对于身体的思考就是在既有条件下比较重视满足口腹之欲，过不辛苦的闲散而贫困的日子。所以，从三层价值的实现来说，村民对于想要他们致富奔小康的精准扶贫并没有什么兴趣。

---

① 〔德〕马克斯·韦伯：《新教伦理与资本主义精神》，马奇炎、陈婧译，北京：北京大学出版社，2012。

（三）精准扶贫与贫困文化的矛盾关系

在实践中，精准扶贫陷入贫困文化的困境，无论是组织村民外出务工，还是就地发展种植养殖业，贫困文化中象征符号、地方性知识和价值观念等都产生了反向作用力，阻碍了精准扶贫的经济发展行动在村寨中落地。可见，精准扶贫与村寨的贫困文化之间存在矛盾关系。理顺这些矛盾关系，是精准扶贫落实发展目标的前提条件。

1."扶贫经济－贫困文化"的作用与反作用

自改革开放以来，我国的扶贫制度不断变化，但主要目标是解决贫困群体的温饱问题，主要解决手段，开始以物质救济为主，后转向物质救济式的输血与扶贫开发式的造血相结合。扶贫开发包括智力、产业、文教卫等贫困地区的事业发展，但核心在于各种公共品的物质基础建设和促进贫困群体的经济收入，其中公共品大多由国家财政提供，增加贫困群体的经济收入主要通过国家或国家引导市场主体投资于贫困地区的产业发展。当前的精准扶贫已经突破了经济意义的脱贫，是在全面建成小康社会总目标下的致富式扶贫，包括经济、文化和环境等多重扶贫内容，但是政策的落地仍然集中体现在经济扶贫方式上，体现在国家、社会和市场主体共同帮扶贫困户搞好种植养殖业、外出务工、参与新型农业主体的经营等，并且硬性规定70%的扶贫资金要用于帮助贫困户发展经济。

毋庸置疑，扶贫中的经济发展主义在历史上曾经发挥了很大作用，但是当前扶贫进入了攻坚阶段，剩下的集中连片贫困地区都是山区、少数民族地区和边远地区等自然环境恶劣的区域。在长期与世隔绝的封闭环境中，集中居住在一起的居民为了生存所需，在互动中形成一种固定的社会规范和价值观念。这些社会规范与价值观念又反过来作用于他们的生活，最终形成了一种固定的生活方式，一种独特的村寨文化，既应对生存资源的匮乏，又应对社区内部缺乏公共秩序的危害。也就是说，这种贫困文化可以帮助村民满足资源比较匮乏的生活需要，维持社区内部稳定的秩序。当精准扶贫想要改变他们的生产生活方式增加经济收入时，他们并不感兴趣，因为这种经济上的改变，与他们的贫困文化不相适应，与他们的社会规范和价值观念相冲突。

马克思主义强调，经济基础决定上层建筑，上层建筑反作用于经济基础，上层建筑包括政治上层建筑和观念上层建筑。当生产力以及生产关系的发展超越了国家的制度、政策、法律和思想观念时，国家上层建筑与思想观念就会极力维护旧式的生产力与生产关系，就会阻碍新的生产力与生产关系的发展。贫困文化属于观念上层建筑，是人的思想硬核。精准扶贫是想发展贫困地区的生产力进而改变旧式生产关系，必然会受到观念上层建筑的反作用。马克思主义强调的经济基础决定上层建筑，其中的经济基础更多是指长期自然发展的经济基础，生产力和生产关系已经除旧立新了，此时的上层建筑仍然要实施反作用力。精准扶贫是一种外部输入式的经济基础重建，是要将新的生产力赋予村民，并使他们结成新的生产关系，那么就要遇到两重反作用力，一重是既有生产力与生产关系，它们仍然可以维持村民感到放心的生产生活，也就是仍然具有满足村民需要的活力与潜力，因此，对精准扶贫输入的新生产力与生产关系的发展会产生阻碍作用；另一重是持有贫困文化的村民认可的既有生产生活方式是没有风险可以维持基本生存需求的方式，而精准扶贫输入的新发展方式给他们带来了一种新的想象，也给他们带来了新的不确定性，更为关键的是他们怀疑为了这种新的想象或者新的不确定性而付出成本是否会给他们带来值得的生存之必需。这正是精准扶贫的经济发展主义遭遇贫困户低度参与困境的原因所在。

2. "快扶贫－慢转变"的行为冲突

精准扶贫是一项国家战略，是全面建成小康社会最艰巨的任务。各级政府都制定了扶贫规则来保障精准扶贫能够在三五年内实现扶贫目标。首先，时间快。2015 年 11 月颁布的《中共中央　国务院关于打赢脱贫攻坚战的决定》指出精准扶贫的总目标实现的时间是 2020 年，在建党一百周年之际要消除贫困，实现共同富裕。省、市、县乡各级政府为了配合上级政府的工作，一般都会在上级政府规定的时间内再提前一段时间完成任务，比如，望谟县规划的总目标就是到 2018 年全县除 1.25 万兜底人口外全部脱贫。国家规定五年完成的任务，到了县一级就成了三年完成的任务。其次，节奏快。国家要求各级政府都要将扶贫开发当作重大政治任务，切实增强责任感、使命感和紧迫感，要只争朝夕、真抓实干，加快补齐全面建成小康社会中的这块突出短板。在完成重大政治任务的号召下，望谟县采取"县级干部包村、科级干部包组、一般干部包户"的帮扶措施，全县干部定点帮扶贫困户，做到"不脱贫、不脱钩"。扶贫干部要做好精准识别、精准施策、精准管理、精准脱贫等，每一步都要到贫困户家中去调查去落实，并要求做好档案。如果贫困户积极参与扶贫之中，在扶贫干部的督促下，生活就像上了发条一样快速运转起来。最后，发展快。国家的精准扶贫总目标要求到 2020 年，稳定实现农村贫困人口不愁吃、不愁穿，义务教育、基本医疗和住房安全有保障；实现贫困地区农民人均可支配收入增长幅度高于全国平均水平，基本公共服务主要领域指标接近全国平均水平；确保我国现行标准下农村贫困人口实现脱贫，贫困县全部摘帽，解决区域性整体贫困。贵州望谟计划用三年时间，到 2018 年通过发展生产、易地搬迁、生态补偿、教育医疗、社会保障兜底等实现全县贫困人口 1.81 万户 6.44 万人脱贫。三年内实现目标，发展是相当快的。

　　与精准扶贫的快规则相反，处于贫困文化中的村民遵循的是一套"慢"生活规则。首先，家庭劳动力周期变化慢。全国有 2000 万贫困人口由社会保障兜底，贵州望谟有 1.5 万贫困人口由社会保障兜底。这些贫困人口基本丧失或完全丧失劳动能力，只能由政府保障兜底，保障他们的基本生活。除此之外，大多数贫困人口与家庭劳动力变化周期有关。特别是家中有几个孩子到了读中学、大学的关键期，一般夫妻两人务农、打工的收入都要用来给孩子支付学费和生活费，但是当孩子毕业工作后，家庭劳动力就到了兴盛期，家庭收入也会大增，自然摆脱贫困。家庭劳动力突然患病的也属于劳动力变化的低潮期，当病愈重新务工务农时，家庭也会很快走出贫困。家庭劳动力存在一个自然周期变化，处于周期低谷是家庭劳动力的积蓄期，有其自身的规律，与精准扶贫的快速致富相矛盾。其次，可行能力增长慢。可行能力贫困是阿马蒂亚·森提出来的反贫困研究的重要概念，也是贫困文化的重要特点。贵州望谟 M 村，贫困人口绝大多数是不识字或小学文化程度，他们掌握了简单的劳动技能和粗放的经营方式，只能够维持生存式的生活水平。现在精准扶贫要让他们发展种植养殖，必须学习新的知识与技能，所需知识与技能远远超出他们的知识范畴。因文化程度低，要将知识转化为可行的致富能力需要一个相当长的时间段，不可能一蹴而就，并且这些知识与技能是否有效还要接受当地实践检验。最后，思想观念转变慢。贫困文化拥有一套独特的思想观念，是其成员在适应特殊的比较恶劣的自然环境和处理有限空间内人与人之间互动秩序中生产出来的。在长期的社会化过程中，这些思想观念内化为贫困人口的精神核心实质，是一种稳定的存在，是他们对事物的判断依据，是一种维护现有秩序的地方性知识，为人们的生产生活方式提供了指导，是建构社会秩序的基础。因此，思想观念的转变不是一件容易的事情，需要一些配套的经济社会条件，当精准扶贫修改这些经济社会条件时，思想观念的变化具有滞后性，从而会制约精准扶贫的快行动。

精准扶贫中时间快、节奏快和发展快的"三快"规则行动与贫困文化中村民家庭劳动力周期变化慢、可行能力增长慢和思想观念转变慢的"三慢"规律性行动之间存在巨大张力。这种张力的存在，容易使精准扶贫忽视改变贫困的客观规律，急躁冒进，贪多求快，为完成扶贫任务而玩弄数字游戏，或者搞扶贫浮夸风，做表面文章，而脱离"真扶贫、扶真贫"的原则。

3. "理性化－非理性化"的价值矛盾

精准扶贫是一种理性化行动。自改革开放转入以经济建设为中心后，国家开始迅速从传统农业文明向现代工业文明转型，既是经济的转型，又是政治的转型、文化的转型和整个国民素质的转型，而归根到底是人的生存方式和实践方式的转型。[①] 这种转型最为重要的特征是人的日常生产生活的理性化。追求利益与利润最大化已经成为国家和个体最为重要的指导原则之一，

---

① 王勤：《加强现代社会发展中的非理性问题研究》，《哲学动态》1999 年第 2 期。

成为在社会主义市场经济中国家和个体建构起来的最为重要的一种现代理性。正是现代理性激发了农村的生产力，使七亿多贫困人口脱离了贫困，改变了广大农村的面貌。当前国家也正是利用改革开放四十多年来形成的理性指导精准扶贫。首先，理性识别与判断农民的生活现实。在贫困户的精准识别中，最为重要的判断依据就是国家贫困线，国家认为凡是收入在贫困线以下的就是贫困户，其生活就没有达到一般的幸福指数，就应该得到国家和社会的帮助，提高经济收入以获得一般水平的幸福指数。其次，理性施策。在扶贫过程中，根据贫困户的家庭特征，发展种植业、养殖业或者让贫困户参与农业公司等新型经营主体的劳动经营活动，以从其中获得高于贫困线的家庭人均收入。易地搬迁也是从理性角度发现继续在当地居住，无法从恶劣的自然环境中提高收入，只好搬迁到条件比较好的地方，再发展生产增加家庭收入。教育资助、医疗保险和社会保障兜底等措施都是为了应对贫困人口支出远远超出收入之后的贫困救助措施。最后，理性脱贫。贫困户在接受帮扶后，就进入了档案管理阶段，每一次扶贫行动都会记录在案，每一笔收支都进入档案簿记管理，当收入在贫困线水平以上时，则算脱贫。精准扶贫就是希望通过标准的理性化行动在规定时间内完成全国脱贫和全面建成小康社会的政治任务。

贫困文化恰恰是非理性的，对理性的精准扶贫产生了反向作用力。集中连片贫困地区因地域的封闭性，受社会主义市场经济影响要弱小很多，现代理性与传统的碰撞并不激烈，传统在碰撞中也并没有溃败，在一定程度上依然控制着村民的日常生活。贫困文化持有者的非理性至少表现在以下两个方面。首先，家庭收支计算的非理性化。村民有些隐性收入是不计算在家庭收入之中的，比如家里喂养的鸡、猪等用于自食的家禽、牲畜类，以及种植的稻谷、玉米、土豆等，村民觉得都是家庭内部循环消耗掉了，没有变成现金，是不能算成家庭收入的，但这些若作为消费则是一笔不小的费用，每户至少也有几千元。村民有些隐性支出也没有算作家庭支出，最为重要的是从事农业生产的劳动力成本一般都不会算作家庭支出。可见，村民的家庭收支还未采取成本收益的理性核算方法，而更多的是采用过日子的模糊算法。所以精准识别贫困户是一件非常不容易的事情，很多地方都将理性识别变成了民主评议识别，用非数字方法代替精准扶贫中的数字管理。其次，村民日常行为的非理性化。中西部其他农村地区的农民一般都会农忙时务农、农闲时务工，或者干脆长年外出务工，以最大化家庭收入为行为准则。集中连片贫困地区的村民与此不同，他们并不以增加家庭收入为最重要的行为准则，外出务工往往是无法维持家庭支出需要时不得已而为之的事情，一旦度过了困难期，他们就退回村寨继续过安闲日子。相比于赚钱，他们更重视轻闲，不辛苦，打两天工就要休息一天；他们更重视维持亲戚关系，亲戚办酒席一定要出场，如果身在千里之外务工，不惜辞掉工作也要回乡参与亲戚间的人情来往；他们更重视与乡邻间的劳动互助，只要别人有建房等大事，丢下自己挣钱的工作也要出手相助。因此，精准扶贫发动村民搞种植养殖、易地搬迁、外出务工等，常常遇到阻力，常常是办了好事却得不到贫困人口的理解，其中的一种解释就是精准扶贫的理性行动与村民的非理性生活方式相矛盾，而村民受惯习影响，仍然会选择非理性的生活方式。

精准扶贫的理性化与贫困文化的非理性化的对垒，正如韦伯所说的经济行动中形式合理性行动与实质合理性行动的紧张与对立。形式合理性行动的唯一目标是最大限度地追求利润，任何导向这一目标的、可量化的行动都是有效的；实质合理性行动旨在满足所有人的需求，是建立在外在道德理想之上的。[①]
精准扶贫就是要将扶贫中识别、施策和脱贫等所有行动都用货
币单位计算的量来表示，以快速提高贫困户的家庭年人均收入
为重要目标，是追求效率的经济价值的直接表现。但是贫困文
化坚持实质合理性行动，村民的日常生活并不满足于目的合乎
理性的计算，而是要提出伦理、享乐主义、亲戚乡邻关系等方
面的要求，并以此用价值合乎理性或者在实质上目的合乎理性
的观点来衡量经济行动的结果。[②] 精准扶贫的形式合理性受到村
民实质合理性的包围与切割，常常难以发挥功效，难以实现预
期目标。

（四）精准扶贫反贫困文化的可能路向

国家应该重视贫困文化与精准扶贫之间的矛盾关系，并且
要根据贫困文化的特点调整精准扶贫的相关政策，从而化解
两者之间的矛盾。在集中连片贫困地区，贫困文化给精准扶
贫造成了诸多实践困境，如果不认真破解这些困境，精准扶
贫就很难达到预期效果，可能成为浪费国家人物财的内卷化治
理策略。因此，精准扶贫必须应对贫困文化的反作用，做出适
当的调整。

1. 经济扶贫要与文化扶贫密切配合

文化是人类在自然界中赖以生存的独特方式，这种方式是
人类创造出来用以适应自然并满足自身需要的，是人在自然界

---

① 侯钧生主编《西方社会学理论教程》，天津：南开大学出版社，2006，第121页。
② 〔德〕马克斯·韦伯：《经济与社会》（上卷），林荣远译，北京：商务印书馆，
1997，第107页。

中生存和生活的手段。① 贫困文化是现代社会中的一种亚文化现象，是直接根源于贫困经济的文化，也是一种直接促使经济贫困的文化；贫困经济与贫困文化总是紧紧缠绕在一起，并在一定条件下互为因果、互相转化。② 集中连片贫困地区特殊的自然地理环境、经济因素和社会文化因素是贫困文化产生、形成的土壤，贫困文化一经产生，就会形成一种强劲的结构性力量，阻碍山区资源的市场化高效流动和配置，抑制和阻断产业演进的固有机制，阻断外部力量的介入，③ 使贫困山区经济难以发展、社会结构难以变革。

贫困文化虽然是社会发展的一种保守力量，但可以维持低收入阶层较为脆弱的生存平衡系统，在一定程度上可以维持社会秩序的均衡和稳定。很显然，如果他们满足于目前的状况，就没有热情去改变贫困的生活，甚至会竭力维护既有的社会秩序，即使外部力量抱着善意的愿望去改造他们的生活，也可能会遭到他们的反对。越是贫困严重的地区，对外来文化的排斥越强烈，他们只关心扶贫干部带来的资金和实物，对扶贫项目、扶贫技术漠不关心，甚至产生一些敌对情绪。④ 正如一些社会学家所指出的那样，如果人们不喜欢眼前所发生的一切改变他们贫困状况的经济开发计划，或者他们对经济发展项目的看法与实施者大相径庭，那么，无论在经济学家们看来是多么有价值的经济

① 戴庆中：《文化视野中的贫困与发展：贫困地区发展的非经济因素研究》，贵阳：贵州人民出版社，2001，第58页。
② 方清云：《贫困文化理论对文化扶贫的启示及对策建议》，《广西民族研究》2012年第4期。
③ 周忠学、仇立慧：《山区贫困文化的形成机理及反贫对策》，《干旱区资源与环境》2004年第4期。
④ 王世杰、张殿发：《贵州反贫困系统工程》，贵阳：贵州人民出版社，2003，第130页。

开发计划或项目，也不过是纸上谈兵，在实际中全然行不通。①

　　贫困地区发展实践顺利展开最为重要的前提就是贫困人口自主、自为的经济和社会参与。② 荷兰哲学家皮尔森说："只要人们发现这种情况是不可接受的，他们就会彻底改变这种情境。因为所有生活在这种情境中的人都变成了这种情境的挑战者，仿佛障眼物从他们的眼睛中掉落了下来。他们对自身情境的抗议被内在化了，变成了内心深处的不满：不再认可，转而反抗。"③ 所以，对扶贫开发工作来说，贫困地区的扶贫开发不仅是经济上的扶贫济困，而且是对传统思想观念中陈旧落后的文化内容的变革；通过扶贫过程，培植新的适应扶贫开发的文化。人类历史上一种经济形态取代另外一种经济形态，自然经济转变为商品经济并发展为市场经济，不仅是经济形态的转型，也是文化形态的转型；不仅是经济的新发展，也是文化的新发展，是人类历史过程的一次飞跃。必须看到，文化具有经济功能，而且在"文化－经济"一体化运动的新背景下，经济功能已成为文化最基本的功能。因此，一定要按照经济发展的客观要求建构新型文化。

　　贫困文化理论是人们对贫困现象思考的一次转向，是从纯粹经济理论解释转向文化理论解释的一次转向，当前的精准扶贫要重视贫困文化的正向功能，大力弘扬贫困文化中有利于社会发展和人类幸福的文化特质，抑制贫困文化中不利于社会发展和人类幸福的文化特质，④ 还要促进贫困文化与主流文化的交

---

① 吴理财：《论贫困文化》（上），《社会》2001 年第 8 期。
② 戴庆中：《文化视野中的贫困与发展：贫困地区发展的非经济因素研究》，贵阳：贵州人民出版社，2001，第 43 页。
③ 王世杰、张殿发：《贵州反贫困系统工程》，贵阳：贵州人民出版社，2003，第 157 页。
④ 方清云：《贫困文化理论对文化扶贫的启示及对策建议》，《广西民族研究》2012 年第 4 期。

融，将贫困文化变成经济扶贫的动力机制。

2. 精准扶贫要放慢速度，要调整贫困文化的行动规范

精准扶贫的目标是到 2020 年除了全国约 2000 万社会兜底保障人口外，其余贫困人口要全部脱贫，共同进入小康社会。地方县市一般会提前一两年完成精准扶贫的任务。湖北大悟、福建三明、贵州望谟和陕西眉县等县市都将精准扶贫任务完成时间定为 2018 年底，其中的原因是到时候有回旋余地，可以查缺补漏，可以在后两年巩固扶贫成果，以更理想的成绩迎接精准扶贫的评估验收工作。精准扶贫的跃进式做法忽视了经济发展的规律和贫困文化对经济发展起反作用的规律。首先，在农村搞种植业、养殖业帮扶贫困户致富，植物、动物的生长繁殖都有一个自然的时间周期，比如种植杧果、油茶要两三年才能挂果，才会有经济价值等；另外，这些种植、养殖的产品进入市场后要受供需关系的影响，今天看起来值钱的商品，大量种植、养殖，过两年可能因为供过于求，会大幅降价，农户不仅不能致富，还有可能赔掉成本。其次，贫困文化对经济发展的反作用主要体现在贫困文化所规定的社会规范限制了成员的行动，使其并不能顺利对接精准扶贫的致富行动。所以精准扶贫必须放慢节奏，以适应自然规律、市场规律和贫困文化对经济发展的反作用规律。其中贫困文化对经济发展的反作用经常被忽视但又可以直接给精准扶贫造成现实困境。精准扶贫放慢节奏就是要调整贫困文化规定的社会规范，使其适合于经济扶贫的政策实施。

文化塑造人格的机制是个人对他自己所处社会的文化模式的不断调适。一个社会要保持稳定，就要有约定俗成的规范，

所有成员的行为和动机，都得多多少少依从这一约定俗成的规范。[①] 费孝通说过："生在社会里又在社会里生活的一个个人，他们的行为以至思想感情的方式是从先于他存在的人文世界里学习来的。学习基本上就是模仿，再加上社会力量对个人发生的规范作用，即所谓教育，社会用强制压力把个人的行为和思想纳入规范中，一个社区的文化就是形成个人生活方式的模式。"而且，由于规范的规制作用，"每个人在一定社会角色中所有的行为和感情都不应该被看作只是'个人行为'，而都应被看作在表演一套规范的行为和态度"。[②] 人们在共同的生活中，对于外界事物的经验具有一种将其格式化、规范化的自然倾向，这种规范化的经验被称为定型。社会规范一经形成，就有一种公认的社会力量，对于每一个成员来说，这就是一种压力，自愿或是被迫采取某类模式化的行为。当然，规范的压力也是有限的，一旦规范的压力超出了成员的承受限度，规范的效力就会减弱乃至消失，因为成员的承受力有限，并且规范所限定的空间也有一定的张力。[③]

正因社会规范对个体压力的有限性，精准扶贫才有可能采取措施突破贫困文化中的社会规范。破解传统社会规范的束缚要做一些细致的工作。首先，要宣传那些已经突破规范的少数先行者。在贵州望谟 M 村调查时，几个自然寨内的富有者和能够买得起面包车的都是夫妇两人长年在外打工的家庭。县乡村就要组织做一次专题节目到各村寨大力宣传。在贵州望谟 M 村新组调查时，我们发现村寨内唯一的小卖部成天播

---

① 戴庆中：《文化视野中的贫困与发展：贫困地区发展的非经济因素研究》，贵阳：贵州人民出版社，2001，第95页。

② 费孝通：《从实求知录》，北京：北京大学出版社，1998，第363页。

③ 戴庆中：《文化视野中的贫困与发展：贫困地区发展的非经济因素研究》，贵阳：贵州人民出版社，2001，第101~103页。

放着我们听不懂的唱歌节目，询问后才得知是县里发放的视频，是用瑶语演唱的形式宣扬瑶族的传统精神，而这种宣传对当地居民的影响极大。因此，县乡村也可以组织起来通过村寨小卖部来宣传那些长年在外打工者的相对富裕的生活、家庭的变化、对打工经济的认识以及对未来的畅想等，这样就可以逐渐在村寨中形成融入全国市场经济发展之中去追求幸福生活的共同认识，就可以解构"饿死不离乡""金窝、银窝不如自家草窝"等传统规范。其次，可以通过村规民约的形式营造有利于外出打工或创业的村庄舆论。当前贵州村寨中一些村民只能外出务工半年，其余时间要待在村寨中，主要是因为要参与亲戚间的人情往来、参与村寨中的劳动互助、参与每年农历三月三的祭祖活动等。这些社会规范将村民束缚在村寨之内无法动弹。县乡村应该引导各村寨重新修订村规民约来移风易俗，比如规定亲戚间人情往来可以由父母或孩子代替出场，规定村民间的劳动互助是一种空闲时的义务而非任何时间必须尽的义务，规定农历三月三可以由父母或孩子代为祭祖等。只有这样的村规民约制定出来，才能在村庄形成有利于村民外出务工、创业的氛围，从而破解旧有的社会规范。最后，要为村民务工、创业提供必要的公共产品。一方面改造农业生产条件，要提供通村公路、机耕道路和水利灌溉等基础设施，减轻在家务农的体力要求，使老年人也可以在家务农；另一方面提供家庭日常照料，特别是解决小孩上学的来往交通问题，要使年轻人离开村庄后没有后顾之忧，没有要在家尽孝和接送小孩读书的特殊规范性束缚。精准扶贫就是要注意破解老百姓的传统规范，要从改变支配规范的现实条件出发来重建有利于经济发展的现代社会规范。

3. 精准扶贫要以"两类"教育推动贫困人口的现代转型

英格尔斯在《人的现代化》一书中写道:"许多致力于实现现代化的发展中国家,正是在经历了长久的现代化阵痛和难产后,才逐渐意识到,国民的心理和精神还被牢固地锁在传统意识之中,构成了对经济与社会发展的严重障碍……人的现代化是国家现代化必不可少的因素,它并不是现代化过程结束后的副产品,而是现代化制度与经济赖以长期发展并取得成功的先决条件。"[①] 人的现代化就是要将带着传统特性的人重新社会化,赋予其现代性。贵州村民生于村寨,长于村寨,社会化的实质是贫困文化的内化,是贫困文化的延续和传递的过程,是接受世代积累的贫困文化遗产的过程。[②] 贵州村民的现代化就是要将他们进行再社会化,将他们从传统文化中解放出来,使其拥有更多现代文化的特质,能够顺应现代经济与社会的发展。

教育具有传授知识和价值观念的功能、控制人口的功能、法制功能、协调社会职业体系与社会分层体系的功能、吸收剩余劳动力的功能等。精准扶贫要对贫困人口进行再社会化,需要抓好"两类"教育。一是办好义务教育,防止贫困文化的代际传递。吉尔茨认为,人类就是为自身编织的文化之网所悬挂的动物,人是文化的创造者,是文化的产物,也是文化传承的载体。文化扶贫必须采取有效措施改造贫困文化传承的载体——贫困群体子代的知识结构、劳动技能和价值观,才能使贫困群体

[①] 〔美〕英格尔斯:《人的现代化》,殷陆君编译,成都:四川人民出版社,1985,第3~8页。

[②] 程贵铭编著《农村社会学》,北京:知识产权出版社,2006,第233页。

逐渐获得自我发展能力，彻底实现脱贫并不再返贫。[①] 因此，当前应该大力发展集中连片贫困地区的义务教育，提高贫困地区儿童和青少年的入学率。通过学校教育，他们就可以学到科学知识，形成主流文化所倡导的价值观念，体验到长辈未曾经历或思考过的生活与世界。当他们回到村寨时就可以将这些知识与体验告诉长辈或其他村民，在村寨内实现文化传递方式从前喻文化向同喻文化、后喻文化转变。正如米德所言，当代世界独特的文化传递方式（后喻方式），决定了在这场对话中，虚心接受教益的应该是年长的一代。这种转变或许是痛苦的，却是无法回避的现实。"只有通过年轻一代的直接参与，利用他们广博而新颖的知识，我们才能够建立一个富于生命力的未来。"[②]

二是加强成人教育，培育现代理性精神。任何一个行为都不是某一种或几种价值观的产物，而是一个价值观系统的产物，其背后有一个预置的逻辑假设体系。由于不同群体的人们在不同的地域中发展，所以他们形成了不同的逻辑假设体系。[③] 接受了贫困文化后，村民就会按照贫困文化中的一套非理性算计的价值系统的逻辑预设来行动。因为成人已经完全接受了贫困文化的社会规范和价值观，要想重新社会化，重新建构他们行动的逻辑预设，就要与义务教育阶段的学龄生不同，就要从他们生产生活的实际情况来着手，大概有两条途径。首先，结合村民的生产生活，输入相关知识和技术。在生产方面，可以向农民传授机械使用技术、种植养殖技术以及市场知识等；在生活方面，可以向农民传播卫生知识、婚育知识、子女教育知识等。

---

① 方清云：《贫困文化理论对文化扶贫的启示及对策建议》，《广西民族研究》2012 年第 4 期。

② 〔美〕玛格丽特·米德：《文化与承诺：一项有关代沟问题的研究》，周晓虹、周怡译，石家庄：河北人民出版社，1987，第 12 页。

③ 王兆萍：《解读贫困文化的本质特征》，《中州学刊》2004 年第 6 期。

这些知识紧贴村民的日常生产生活，学习后就能看到实效，所以比较容易推广。其次，组织闲散劳动力外出务工。可以说，在当下进城务工是农民脱贫致富最可行的一种方式，也是对村民最好的一种教育方式。美国社会学家米格代尔在《农民、政治与革命》一书中说："农民在什么条件下从以村庄为基础的谋生生活转变到持续地参与村外制度的生活，这是现代化研究的一个关键问题。在这些研究成果中，共同的一点就是接触现代——我们称之为文化接触，引起人们抛弃旧的生活方式而接受新的生活方式。"① 农民与城市的接触程度是促进他们发生变革的重要决定性因素。可以通过劳务输出的方式，推动村寨内农民的地域流动和变换职业身份，使一部分农民，特别是中青年农民进城务工、经商，直接浸泡于现代文化之中，接受城市文明的洗礼，逐渐改变他们的行为方式、思维模式和价值观念，最终实现现代转型。

（五）结语

到 2020 年，带领贫困群体一起进入小康社会，既是精准扶贫的直接目标，又是国家的政治目标。实现这些目标的难点在于如何完成 14 个集中连片贫困地区的脱贫。当下经济发展主义的精准扶贫遇到了种种阻力，其中问题症结在于当地贫困文化的象征符号、地方性知识和价值观念等具有巨大的维持贫困生活的传统力量，对精准扶贫及其携带的现代主流文化形成包围和切割的阻碍困境。精准扶贫与贫困文化存在三种矛盾关系："扶贫经济－贫困文化"的作用与反作用、"快扶贫－慢转变"

---

① 程贵铭编著《农村社会学》，北京：知识产权出版社，2006，第 229～230 页。

的行为冲突和"理性化－非理性化"的价值矛盾。因此，精准
扶贫要与改造贫困文化同步进行，精准扶贫要放慢速度，要突
破贫困文化的传统社会规范，还要做好义务教育与成人教育，
阻断贫困文化的代际传递，培育贫困人口的现代理性精神。

精准扶贫在对贫困文化的改造过程中，要注意贫困人口在
接受主流文化时产生的文化震撼和文化堕距现象。首先，生活
于贫困文化中的贫困人口在初次接触社会主义市场经济先进文
化时会产生思想上的混乱与心理上的压力。这种文化震撼常常
会阻碍贫困人口的再社会化，将他们拉回村寨，继续生活于贫
困文化模式之中。在贵州望谟调查时，一些年轻人说，外出务
工只是为了见世面，跑了一些城市后，就重新回到村寨过日子。
其中的一种原因就是光怪陆离的城市世界的"快节奏、高收入、
高消费"的生活规则完全颠覆了村寨内部"慢节奏、低收入、
低消费"的生活规范，使他们感到迷茫，感到巨大的心理压力。
其次，文化堕距理论认为，由相互依赖的各部分所组成的文化
在发生变迁时，各部分变迁的速度是不一致的，结果就会造成
各部分之间的不平衡、差距、错位，并造成社会问题。① 就贫困
文化的变迁而言，物质文化与非物质文化常常不可能同步发生
变迁，总是物质文化的变迁速度快于非物质文化，或者相反，
就会产生差距；非物质文化各构成部分的变迁速度也不一致，
一般说来总是象征符号、社会规范变迁速度较快，然后才是价
值观念变迁。文化堕距现象可能会导致社会规范或价值观念的
混乱，无法维持社区原有的社会秩序，从而出现社会解组的现
象。所以，精准扶贫应注意贫困文化变迁中各部分的协调问题，
防止出现社会失序或社会解组的现象。

---

① 〔美〕威廉·费尔丁·奥格本：《社会变迁——关于文化和先天的本质》，王晓
毅、陈育国译，杭州：浙江人民出版社，1989，第106～107页。

五 国家治理能力

（一）精准扶贫中的治理研究

党的十八大报告提出到 2020 年要全面建成小康社会。"小康不小康，关键看老乡。"习近平总书记多次强调，要让 13 亿中国人民共享全面小康的成果，并在杭州 G20 峰会上向全世界宣布，要加大对困难群众精准帮扶力度，在 2020 年前实现 5700 多万农村贫困人口全部脱贫。早在 2013 年底，国家出台的《关于创新机制扎实推进农村扶贫开发工作的意见》指出，要"进一步完善中央统筹、省负总责、县抓落实的管理体制"，"按照县为单位、规模控制、分组负责、精准识别、动态管理的原则，对每个贫困村、贫困户建档立卡，建设全国扶贫信息网络系统"。专项扶贫措施要与贫困识别结果相衔接，"切实做到扶真贫、真扶贫，确保在规定时间内达到稳定脱贫目标"。2016 年 7 月，笔者在陕西 M 县调查时，县乡干部表示，精准扶贫是当前重要的中心工作，是举全县之力来做的事情，其他所有工作都要围绕精准扶贫来展开。

随着精准扶贫从政策文件向县乡村的具体实践铺开，精准扶贫工作展现了丰富的实践样态，成为一种重要的国家治理现象，学术界对此展开了大量研究，包含以下几个重要方面。一是从扶贫历程视角来研究贫困治理的转型。农村贫困治理体系结构从农村经济体制改革到瞄准贫困县再到瞄准贫困村，分阶段推进，当前的精准扶贫是在全面建成小康社会的关键阶段，国家推动的新一轮扶贫攻坚，[①] 在"四个转向"中创新政府、市场、社会协同推进扶贫机制：扶贫目标由提高经济收入转向实现全面建成小康社会；扶贫方式从"漫灌式"扶贫转向"滴灌式"帮扶；扶贫主体由政府主导转向以政府为主导的多元主体共同参与；扶贫过程由扶贫资金覆盖转向扶贫资源综合治理。[②] 二是从精细社会理论视角来探讨精准扶贫的理论导向与实践逻辑。将精细社会"精、准、细、严"的核心思想内化为农村扶贫开发的实践：通过制度设计的细化与合理化使扶贫由"大而全"向"小而精"过渡；通过加强政策运行的规范化与可行性及探索精准扶贫的乡土逻辑来确保扶贫的落实；通过以贫困人口为靶向实现扶贫的"人性化"；通过职业意识与职业技能的提升实现扶贫工作人员的精细化，[③] 最后达到整个扶贫治理的精准化。三是从理论预设的变迁视角来研究扶贫的突破点问题。以往对于扶贫的理论假设是"贫困是经济问题"，但是后来认识到扶贫要注意"资源基础上的可行能力形成与提升"[④]，能力剥夺是多维贫困的根源，做好多维贫困识别与精准扶贫的有效衔接是减少多维贫困的关键，构建精准扶贫的长效机制不能靠临时救济或提供简单工作，应强化贫困人口的当前

① 黄承伟、覃志敏：《我国农村贫困治理体系演进与精准扶贫》，《开发研究》2015 年第 2 期。
② 莫光辉：《精准扶贫：中国扶贫开发模式的内生变革与治理突破》，《中国特色社会主义研究》2016 年第 2 期。
③ 王宇、李博、左停：《精准扶贫的理论导向与实践逻辑——基于精细社会理论的视角》，《贵州社会科学》2016 年第 5 期。
④ 郑瑞强：《精准扶贫政策的理论预设、逻辑推理与推进机制优化》，《宁夏社会科学》2016 年第 4 期。

基本可行能力，提升未来发展能力，[①] 促进社会公平正义。四是
从农民的主体性与组织化视角来研究扶贫路径。目前精准扶贫
的研究与措施仍多用市场主义的思维方式，但正是市场主义造
成了经济社会、城乡之间的不均衡发展，为共同富裕设置了障
碍，而当前的精准扶贫要应对造成贫困的市场主义，化解之道
在于重塑乡村的主体性。[②] 因此，要不断增强农民的组织化，强
化国家组织对农村的介入，重视贫困村的基层组织在农村贫困
治理中的作用，探索通过农村精英带动、一般农户支持、贫困
农户参与的方式提升农村贫困治理的效率。[③] 五是从创新视角来
研究扶贫机制问题。精准扶贫机制创新分为内在机制创新与外
在机制创新。内在机制创新包括精准识别机制、精准帮扶机制、
动态管理机制与效果考核机制的创新。外在机制创新包括扶贫
治理主体之间的协商机制、资源整合机制、市场机制、可持续
发展支撑机制的创新。[④] 创新机制才能保证精准扶贫工作的实际
成效。六是从农村贫困转型视角来研究扶贫转型。当前中国农
村的贫困已转型为贫困主体的相对贫困性、贫困生成的结构性、
贫困内涵的消费性和贫困治理的复杂性。此种转型对贫困人口
识别、精英俘获、贫困人口参与扶贫等提出了挑战。为了应对
这种挑战，需要做好四个方面的工作：切实推进精准扶贫工作；
同步实施"造血"与"输血"扶贫；做好贫困人口的社会保障

① 高帅：《社会地位、收入与多维贫困的动态演变——基于能力剥夺视角的分析》，《上海财经大学学报》2015 年第 3 期。
② 邱建生、方伟：《乡村主体性视角下的精准扶贫问题研究》，《天府新论》2016年第 4 期。
③ 向家宇：《贫困治理中的农民组织化问题研究——以 S 省三个贫困村的农民组织化实践为例》，博士学位论文，华中师范大学，2014，摘要：第 2 页。
④ 莫光辉、陈正文、王友俊：《新发展理念视域下的精准扶贫》，《中国发展观察》2016 年第 7 期。

并引导其消费；优化贫困治理结构。①

　　上述研究从扶贫理论的变迁、扶贫阶段性特点、贫困本身的转型和扶贫的机制创新等方面来探索当前精准扶贫的种种经验与问题，对于学术理论与精准扶贫实践都有推进作用。但存在的缺陷是鲜有研究揭示精准扶贫中的国家治理能力问题。我国正在推进国家治理体系和治理能力现代化，希望在不久的将来建立起一套完善的中国特色社会主义制度体系，而精准扶贫作为一项全国性的重要工作，以县为单位在体制机制方面不断推陈出新，这些体制机制是否有助于增强国家治理能力，有哪些需要注意的问题，这些都是极需要跟踪研究的。下文将对此做出尝试性回答。

（二）国家治理能力的理论渊源与核心内涵

　　国家能力常常是学术界研究的中心议题，形成了一些比较重要的观点，其中社会中心论的国家能力观与国家中心论的国家能力观具有代表性。首先，社会中心论的国家能力观。马克思主义认为，社会决定国家，国家的存在与发展归根结底都应该从社会的经济生活条件中得到解释。新马克思主义也坚持，国家本质上是阶级或阶级斗争的体现，其职能只是维持和扩大特定的生产模式。集团理论、多元主义理论和结构功能主义理论都认为，政治现象是社会集团政治活动的总和，国家或政府并没有独立的自主性，只是提供了一个社会各集团竞争的场所，拥有资源优势的集团是社会竞争中的获胜者，也是支配政府政

----

　　① 邢成举、赵晓峰：《论中国农村贫困的转型及其对精准扶贫的挑战》，《学习与实践》2016 年第 7 期。

策的意向来源。① 马克思主义的国家理论从国家职能来论述国家
能力，国家职能分为政治统治职能和社会管理职能。政治统治
职能强调国家的阶级属性，是为统治阶级服务的工具，强调国
家是被社会中的某一集团从外部控制的消极机构，统治集团根
据自身阶级利益导向来行使国家权力；社会管理职能则强调国
家对社会的组织、管理等功能，强调化解社会矛盾与维持社会
公益的国家能力，强调国家是复杂劳动分工情势下各种社会组
织的一种协调方式，作为体系化的制度力量需要消化群体矛盾
与社会问题向国家施加的政治压力，政府机构改革和公共政策
格局着眼于社会的长远发展和社会公共利益的最大化。② 显然，
国家职能与国家能力是辩证关系，国家职能是国家的职责与功
能，是国家对社会承担的责任和法定的管理权限。国家能力是
国家履行其职能的能力。③

其次，国家中心论的国家能力观。20世纪七八十年代，有
些学者发现，以社会中心论来解释社会变革和政治现象变得越
来越不可靠。国家宏观调控作用越来越大，国家自主性越来越
强，在某些政策方面，摆脱了统治阶级的控制。回归国家学派
强调国家对社会的作用，在一定程度上继承了韦伯主义的国家
观——理性国家是建立在专业官员制度和更改的法律基础之上
的，是垄断合法暴力和强制机构的统治团体。在此基础上，斯
考克波将国家能力概括为实施国家追求的一些并非仅仅是反映
社会集团、阶级或社团之需求或利益的目标的能力。④ 米格代尔

---

① 何俊志、杨季星：《社会中心论、国家中心论与制度中心论——当代西方政治
　科学的视角转换》，《天津社会科学》2003年第2期。
② 邓远萍、王刚：《马克思国家理论的话语权论析》，《中共天津市委党校学报》
　2015年第5期。
③ 黄宝玖：《国家能力研究述评》，《三明学院学报》2006年第1期。
④ 〔美〕彼得·埃文斯、迪特里希·鲁施迈耶、西达·斯考克波编《找回国家》，
　方力维等译，上海：生活·读书·新知三联书店，2009，第10页。

认为，国家能力是"国家领导人通过国家的计划、政策和行动来实现其改造社会的目标的能力。国家能力包括渗入社会的能力、调节社会关系、提取资源，以及以特定方式配置或运用资源四大能力"①。

后来，迈克尔·曼将国家权力区分为国家的专制权力与基础性权力，国家的专制权力，指国家精英可以在不必与市民社会各集团进行例行化、制度化讨价还价的前提下自行行动的范围；国家的基础性权力，即国家能力，指国家事实上渗透市民社会，在其统治领域内有效贯彻其政治决策的能力。② 其中国家的基础性权力更多是指落实国家的社会管理职能的能力。我国有学者在此基础上将国家能力分为八种：强制能力、汲取能力、濡化能力、认证能力、规管能力、统领能力、再分配能力、吸纳和整合能力。③ 还有学者建构国家能力的"输入－转换－输出"结构，输入能力包括汲取能力、吸纳能力和认证能力；转换能力是制度与政策设计能力；输出能力包括强制能力、规管能力、宏观调控能力、再分配能力、公共服务能力和濡化能力。④ 这些国家能力就是当前所谈的国家的治理能力，是国家执行政策制度的能力。

综上所述，社会中心论的国家治理能力是指代表统治阶级履行社会管理职能的能力；国家中心论的国家治理能力是指国家贯彻和实现自身意志的能力。从当前我国在贯彻落实精准扶贫等公共政策方面来看，国家治理能力更多是指国家管理内部、

---

① 〔美〕乔尔·S. 米格代尔：《强社会与弱国家：第三世界的国家社会关系及国家能力》，张长东等译，南京：江苏人民出版社，2012，第 5 页。
② 刘昶：《迈克尔·曼论国家自主性权力》，《上海行政学院学报》2016 年第 1 期。
③ 王绍光：《国家治理与基础性国家能力》，《华中科技大学学报》2014 年第 3 期。
④ 陶建武：《国家能力与治理发展：分析框架的构建与中国经验的例证分析》，《理论探讨》2016 年第 2 期。

渗透社会，自主贯彻和实现自身目标和意志的能力，应该包含以下几项核心因素。一是国家内部的统领能力。统领能力是指国家管理自己的能力，即各级国家机构与国家工作人员为了履行各项国家职能，必须有高效清廉的公务人员来实施。[①] 国家管理自己的能力体现在国家内部上级机构管理下级机构的能力和国家机构管理公职人员的能力。二是国家对社会的认证能力与规管能力。认证能力是指收集、确认、识别有关人、财、物、行、事的名称、位置、数量、流动方向和真假优劣等基本事实，建立相应分类、规则、标准和规范的整个过程。此外，还应包括认证不同阶层、不同群体的参与诉求、利益诉求，同时，还要认证国家意志渗透的结果以及来自市场和社会的反馈。认证是国家行动最为基础的环节，有效的认证体系为现代国家治理提供信息基础，是国家基本制度建设的基础，也是贯彻落实各项政策制度的逻辑起点。规管能力主要是指规管人们外部行为的能力，国家规管包括安全监管、对市场外部性的规管、对民众各种违规行为的规管等，目的是构建良好的经济秩序和社会秩序，[②] 意义在于改变个人和团体的行为，使其行为符合国家制定的规则。三是国家的再分配能力与整合能力。再分配能力是指国家以特定方式在不同社会集团间对稀缺资源进行权威性调配的能力。再分配有两个目的：一个是缩小收入和财富分配的不平等；另一个是保障社会中所有人的经济安全，提供最基本的温饱保障，让所有人都有尊严地活下去。整合能力是国家对不同社会群体表达出来的各种政策偏好的整合。[③] 在全面建成小康社会和共同富裕的目标下，国家理应通过再分配来整合社会

① 王绍光：《国家治理与基础性国家能力》，《华中科技大学学报》2014 年第 3 期。
② 陶建武：《国家能力与治理发展：分析框架的构建与中国经验的例证分析》，《理论探讨》2016 年第 2 期。
③ 王绍光：《国家治理与基础性国家能力》，《华中科技大学学报》2014 年第 3 期。

上的贫弱群体。本书将从陕西 M 县的精准扶贫实践中，涉及镇村时将以 H 镇和 F 村为例，具体从县乡村三级内部的管理机制与管理效果的分析中，考察国家内部的统领能力，从精准识别过程机制分析中，检讨国家对社会的认证能力与规管能力，从精准帮扶的施策机制分析中，观察国家的再分配能力与整合能力；然后再从整体上判断当前的精准扶贫的机制创新对于国家治理能力的影响，并且思考精准扶贫中国家治理能力发展需要注意的问题。

（三）精准扶贫中国家治理能力的实践表达

精准扶贫是对公平正义的一种维护方式。公平正义是指给每个人他所应得的，具体表现为权利公平、机会公平和规则公平，核心问题是利益公平。实现社会的公平正义，既是国家治理的伦理目标，又是国家治理能力的具体体现。[①] 陕西 M 县通过精准扶贫来实现公平正义，其中国家的治理能力主要体现于国家内部的统领能力、国家对社会的认证能力与规管能力和国家的再分配能力与整合能力。

1. 精准扶贫中国家内部的统领能力

国家内部各级党委政府，为调动下级政府或部门和各级党员干部工作的积极性，保证完成各项工作任务，常常使用两种方法，一是政治动员，二是检查考核。这两种方法的具体运用，体现了国家内部的统领能力。

首先，政治动员。

---

① 景枫：《国家治理能力现代化的伦理内涵》，《领导之友》2016 年第 5 期。

在历史上，政治动员是党和国家推动社会革命和改造、控制、管理社会的重要工具。政治动员是政治主体以其价值观、信仰诱导和说服政治客体，① 贯彻落实自上而下的政治意图的途径和渠道，② 其实质是集体行动者之间为了特定政治目标、依赖于一定的行动策略所形成的认同聚合。通过广泛的政治动员，政治精英可以提取各种政治资源特别是人力资源的支持，为决策过程和决策的实施提供思想上、舆论上、行动上的准备。③ 政治动员有三个要素：意识形态的宣传鼓动、人际工作关系网的构建和特定的集体行动。④ 陕西 M 县的精准扶贫就具体地体现了这三大要素。

第一，意识形态的宣传鼓动。陕西 M 县在 2016 年 2 月召开第二次全县扶贫攻坚工作动员会，所有县级领导，县级各部门及直属事业单位主要负责同志，各镇街党政主要领导、分管领导，各村党支部书记、村委会主任，各驻村扶贫工作组组长及下派的村级党组织"第一书记"参加了会议。县委书记主持会议，县长安排部署全县脱贫攻坚工作，包括 H 镇在内的三个镇党委书记做了发言，县委书记、县长代表县委县政府与各镇街签订了脱贫攻坚责任书。在会议上，县委书记强调："精准扶贫是全面建成小康社会、实现中华民族伟大'中国梦'的重要保障；消除贫困、改善民生、实现共同富裕，是社会主义的本质要求；脱贫攻坚是我县全面建成小康社会、打造关中最具幸福感区域最突出、最艰巨的任务。"县长强调："扶贫开发事关全面建成小康社会，事关人民福祉，事关党的执政基础，打赢脱

① 黄科：《运动式治理：基于国内研究文献的述评》，《学术论坛》2013 年第 10 期。
② 黄科：《运动式治理：基于国内研究文献的述评》，《学术论坛》2013 年第 10 期。
③ 黄科：《运动式治理：基于国内研究文献的述评》，《学术论坛》2013 年第 10 期。
④ 李斌：《政治动员及其历史嬗变：权力技术的视角》，《南京社会科学》2009 年第 11 期。

贫攻坚战，是中央省市交给我们的一场没有讨价还价余地、必须打赢的战役。"在反复宣传后，各级党委政府逐级立下军令状，层层落实脱贫攻坚责任，鞭策各级领导干部下定决心，立志按时消灭贫困。H镇分管扶贫的副镇长说，"精准扶贫签军令状后，完不成任务要承担责任，感觉压力很大"。F村党支部书记说，"精准扶贫是党和国家的大事，要签责任书，责任重大啊"。可见陕西M县在层层政治动员后，实现了对各级干部的说服、灌输，M县从心理意识和价值观等方面获得动员客体的支持与服从。第二，人际工作关系网的构建。H镇成立了以党委书记任组长，镇长、分管副镇长任副组长的扶贫开发领导小组，各村也成立了以村党支部书记为组长，村委会主任为副组长，其他村两委班子成员为组员的扶贫工作小组，形成党政一把手亲自抓、分管领导具体抓、负责同志全力抓的工作格局。从M县来看，除了县乡村三级党政班子抓扶贫工作，还构建起一套"单位包村，干部包户"的工作关系网络，比如县民政局承包F村，民政局任主任承包F村的8户贫困户的脱贫工作。通过构建，将原本分散无序的各级各类组织与党员干部联结起来，整合形成了两套工作关系网络，成为随时可以利用的群体资源。第三，特定的集体行动。陕西M县参与扶贫的单位与个人要达至以下目标：结合全县实际，创新产业扶贫模式，实现从救济式扶贫向开发式扶贫转变，由"输血"式扶贫向"造血"式扶贫转变；到2017年，要帮扶贫困村改善基础设施、村容村貌，提高公共服务水平，培育1～2个骨干致富增收产业，全村农民人均纯收入达到全县农民人均纯收入的90%以上；有劳动能力的贫困户转变观念，增加收入，提高致富能力，人均纯收入达到或超过当年全县农民人均纯收入的80%。以上目标具体规定了扶贫方式转变的内容、扶贫产业的培育、贫困户自身的转变和脱贫的经济指标。县乡村各级单位与干部就是围绕这些精准扶贫的具体要求来开展集体行动的。

其次，检查考核。

处于压力型体制中的县乡政府，经常使用检查与考核来调动干部的工作积极性。检查考核后，县对乡的激励手段有物质奖励、财政收入分成、政策优惠和提拔重用。[1] 除了财政收入分成外，其余三项激励措施也是乡对村经常使用的激励方式。

在精准扶贫工作中，检查具有直接性与针对性。直接到村级精准扶贫工作中检查，既可以检查村级扶贫工作者的工作状态，也可以检查其工作成效。在填报精准扶贫的"国表"与"市表"时，因工作任务非常紧急，要求15天之内完成两种表格的统计、报送与输入系统工作，F村干部每晚都要加班加点工作，并且这些加班加点是乡镇的统一安排。有一次，深夜两点，H镇镇长和一名副书记突然来F村检查，查看了统计表的填写情况，并问村干部不同表格中填写的原则要求及同一个贫困户的各种资料的内在逻辑性。除了这种突击性的检查外，还有对阶段性工作完成情况的计划性检查。比如根据国家和省市要求，M县组织各镇村开展建档立卡"回头看"，核实建档立卡贫困户、贫困村的贫困现状，准确掌握贫困户、贫困村的致贫原因和发展需求，进一步挤出水分，查漏补缺。检查是对平时具体工作的一种灵活机动的督导行为，考核则是对于某项工作整体上的评价。比如，H镇对村的考核：首先，要求各村制订脱贫方案，细化工作任务，逐人落实责任；其次，镇扶贫攻坚领导小组办公室对村的考核分为两种，一是每周每月定期考核阶段性的工作任务完成情况，并在全镇通报，二是年终对照

---

[1] 吕玉霞、刘明兴、徐志刚：《中国县乡政府的压力型体制：一个实证分析框架》，《南京农业大学学报》（社会科学版）2016年第3期。

扶贫方案细则进行总考核；最后，镇党委政府将精准扶贫工作的定期考核与年终考核均纳入各村年终绩效考核，对于排名靠前的先进村给以经济、项目资助和主要领导提拔重用等奖励。县对乡镇考核也遵循同样的逻辑，H 镇前任书记，因为精准扶贫工作成效显著，受到了市县重视，后被调到了县某重要岗位上工作。

2. 精准扶贫中国家对社会的认证能力与规管能力

认证是一项最为基本的国家制度，是一项政府应该提供的公共物品，其公共性体现在它几乎是所有国家制度的前提，是国家能力的基础。[①] 在某种意义上，现代国家的治理是一种通过数据库的治理，或者说，是一种通过认证的治理。[②] 在精准扶贫中，要想做到精准识别，还要对干部与村民采取有效措施进行规管，然后在此基础上才能开展有效治理，如此才有向精准脱贫迈进的基础。

首先，认证与规管的具体做法。

在精准扶贫中，陕西 M 县的国家认证能力与规管能力都有增强，主要在于采取了以下几点做法。一是严格统一收入来源认证标准。为规范申请救助家庭的收入核算，市民政局制定了《关于城乡居民家庭收入核算有关问题的通知》（以下简称《通知》），《通知》共分五个部分，即家庭收入类别、劳动时间的认定、居民收入核算、收入来源的认定和不计入家庭收入的项目，还拟定了《市城乡居民家庭劳动力系数测算标准及代码表》。在贴合现实的统一标准指导下，只要执行者能够严格操

---

① 欧树军：《权利的另一个成本：国家认证及其西方经验》，《法学家》2012 年第 4 期。

② 欧树军：《监控与治理：国家认证能力辩证》，《中国图书评论》2013 年第 11 期。

作，得出的数据就具有了相当的可靠性。二是调动村干部的积极性，靠民主评议来识别。镇扶贫办主任说，县乡干部都只能严把程序关，只有村干部才最了解贫困户的情况。也就是说，要想真正实现精准识别，需要调动作为国家与社会联结纽带的村组干部精准识别的积极性。F村二组在识别贫困户中分两步：第一步是组长、党小组长、会计和组民代表一起开会评议；第二步是入户算账，主要是算三个方面的账，其一是看有没有外出打工的；其二是看种了多少猕猴桃，挂果了多少年，大约可以卖多少钱；其三是看种了多少小麦、玉米，一亩地一年按300元收入计算。算下来，如果人均纯收入低于2950元，就属于贫困户。因都是熟人，大致情况都很了解，评选出来的情况都比较真实。三是交叉协作，避免熟人社会的关系运作。F村二组小组长说，其实要真想筛查出贫困户，也不难，他们天天干啥，他都知道。小组长说得不假，村庄本就是一个熟人社会，但关键是如何才能让村组干部真想去筛查。前面述及了签订责任状的办法，将精准扶贫从一项普通的行政事务拔高到一项严肃的政治任务，使村组干部感觉不能随意了，要不然就可能承担自己无法承受的后果。此外，还有交叉协作机制。第一，县乡两级交叉负责，县上条线单位包村，干部包户，乡镇也有包村干部，每村两名干部，同样的扶贫对象，县乡不同干部同时帮扶，如果两者不一致，就比较容易发现问题。第二，乡镇每村两名包村扶贫干部，在精准识别过程中经常更换所包的村庄对象，这种不稳定性，使乡镇干部无法与村庄结成利益联盟，也无法与农户结成利益联盟，而将非贫困户列为帮扶对象。这两种交叉协作机制，使县乡在扶贫工作中不稳定地存在于各个村庄之中，达不到可以"熟人"关系运作的程度，从而规避了乡村干部利用熟人社会的人情逻辑将关系好的农户选作精准扶贫对象的非公平帮扶行为。

其次，认证与规管的结果。

在精准扶贫中，陕西 M 县对社会的认证能力主要表现在对贫困户真实状态的认证，规管能力主要表现在打击制止贫困户认定中的各种违规行为。M 县目前仍有贫困群众 7621 户 22782 人。H 镇在册贫困人口有 1312 户 3773 人。F 村 2015 年被评上低保户的有 80 户，但 2016 年只有 25 户被评上了贫困户，其中低保户 12 户，五保户 5 户，一般贫困户 8 户。在调查中，村民反映往年有一些在村里算是很富有的人，住着楼房，开着小汽车，还吃上了低保，但是 2016 年评的贫困户基本上符合村里的实际情况。从 F 村贫困户评选结果来看，在 2016 年的精准扶贫中国家的认证能力与规管能力显著增强。

3. 精准扶贫中国家的再分配能力与整合能力

改革开放以来，利益分化越来越严重，贫富差距不断拉大，至近几年，已经成为一种严重的社会问题，甚至开始成为诱发社会不稳定的重要因素。为了改变这种现状，极需要国家通过精准扶贫来加强国家的再分配能力，向低收入群体转移稀缺资源，整合社会中的贫弱群体。

首先，国家的再分配能力。

分配正义直接关系着人类社会的兴衰。影响分配正义的有两个因素：作为输入端的国家财政汲取能力与作为输出端的国家再分配能力。当前随着国家自主性的变化，我国财政汲取能力较强，再分配能力较弱，从而比较严重地影响了分配正义。① 所以，要想推进转型中国的分配正义，就应该重建再分配中的

---

① 张晒：《国家自主性与再分配能力：转型中国分配正义的一个解释框架》，《华中科技大学学报》2014 年第 2 期。

国家自主性，由此才能实现强大的再分配能力。精准扶贫正是重建再分配正义的国家自主性过程，也是国家再分配能力的重塑与检验的过程。

第一，资源再分配。2016 年中央补助地方 660.95 亿元，已经全部拨付到位，比上年增长 43.4%。截至 8 月初，陕西共筹集中央和省级财政专项扶贫资金 28.7 亿元，其中 10 亿元已经全部下达市县。陕西 M 县 2016 年财政专项扶贫资金计划中，中央财政专项扶贫资金为 494 万元，其中项目管理费 25 万元，产业发展 469 万元（种植业、林果业 367.98 万元，养殖业 95.22 万元，其他 5.8 万元）；省级扶贫资金为 316 万元，其中实用技术 20 万元，农村贫困大学生资助项目 68 万元，扶贫贴息资金 43 万元，基础设施建设项目 185 万元（农田水利 35 万元，通组道路 138 万元，安装变压器 12 万元）。这些巨量资源拨付到县以后，县就会按照前期的"一户一法"将资金分配到各贫困户。H 镇根据国家按致贫原因划分的七大类脱贫措施，对本镇 1312 户的资源分配做了细致定位：易地搬迁脱贫 269 户；教育帮扶脱贫 430 户（大学生补助 6000 元/年，高中生补助 1500 元/年，初中生补助 1250 元/年，小学生补助 1000 元/年，幼儿园儿童补助 750 元/年）；转移就业脱贫 325 户；产业发展脱贫 703 户（新栽果园补贴 1100 元/亩，老果园补贴 100 元/亩；蔬菜补贴 400 元/亩；养牛补贴 500 元/头，养猪补贴 200 元/头，养鸡补贴 10 元/只等）；政策兜底保障 563 户（包括五保户 118 户，低保户 445 户）；生态保护脱贫（退耕还林）97 户；医疗救助脱贫 97 户。

第二，产业扶贫再分配。在七类措施中，易地搬迁、教育帮扶、转移就业、政策兜底、生态保护和医疗救助等六类基本上都是直接的资源分配，只有产业发展脱贫是对贫困户在比较短的时期内的致富能力的提升，是一种"造血"式的帮扶。M县委县政府在全县 48 个贫困村下派了驻村工作队和"第一书记"，安排 2643 名机关干部"一对一"包抓所有贫困户。包村单位选派干部驻村开展工作，帮助村上厘清发展思路，帮助贫困户制定具体的帮扶措施：种什么、养什么，发展什么项目，如何使用产业发展补助资金，用足用活产业发展政策。坚持"一村一策、一户一法"，推行"直补到户、联户经营、企业带动、统建到户、干部领办、中介服务、代耕代营"等七种产业扶贫模式，发展壮大产业，增加贫困村民收入。帮户干部逐户逐人走访，因户因人分类，帮助有发展能力的制定产业发展措施。F 村主要是帮助 8 户贫困户种植猕猴桃，或者将现在的猕猴桃园打造成精品桃园，此外，二组小组长还与一家贫困户合伙办了一个养鸡场。

第三，综合性再分配。事实上，每一个贫困户并不是一种原因致贫，而是几种原因叠加后的综合反应，那么精准扶贫再分配具体到每一户也应该采取综合措施。比如，县社会福利中心的杨科长帮扶 F 村的朱某，根据朱某的具体情况，制定多重帮扶计划：医疗救助；调整种植结构，改造提升打造精品猕猴桃园；按国家的优惠政策落实各项义务教育减免政策；通过农业技术培训把他们培训成懂技术、会管理、会经营的新型农民。最后争取达到如下帮扶发展目标：2016 年力争猕猴桃销售10500 元，其中客商销售 2750 斤，每斤 2 元，合计 5500 元，网络销售 1000 斤，每斤 5 元，合计 5000 元；2016 年介绍外出务工，务工收入突破 12000 元；2016 年按照全县统一安排，贫困户家庭中学生每生每年资助 1250 元，小学生每生每年资助 1000元，该户共获转移性收入 2250 元。2016 年该户由于农田改造提升，增加投入，其生产性支出将会提高，在上年 2719 元基础上至少翻一番，按 5500 元计算，其 2016 年家庭总收入 24719 元，减去生产性支出 5500 元，该户人均纯收入 4804.75 元，已经远超贫困线。这个帮扶案例表明，对于贫困户的帮扶是立体多维的，国家再分配也已经从单一的经济分配，向经济分配与提升贫困户的市场能力相结合转型。对于朱某的医疗救助与教育帮扶就是一种直接的经济帮助，而改造猕猴桃种植园和农业技术培训是从增强其市场能力的角度来增加其市场机会，从而实现"造血"式扶贫。

其次，国家的整合能力。

"现代国家成败的关键，尤其是其取得服从的关键，是国家与其被统治者之间的关系。"[1] 在国家内部和国家与社会其他力量之间的大量斗争中，国家与社会相互构成并相互改变，促使国家不断整合社会力量。[2] 国家整合作为一个过程，是在社会分化的过程中对业已分化的部分加以调整、统筹并形成整体的产物，[3] 是国家与社会诸要素互动关系中的多向度互嵌进程。在当前深化完善现代国家治理体系的进程中，关注国家整合与社会回应的双向互构，可以精准把握国家治理的可行性方向，拓展现代国家整合进路。[4]

事实上，精准扶贫在很大程度上是为了实现共同富裕，是为了让农村中的最弱势群体也能享受建成全面小康社会的成果。随着改革的深入，当前国内出现了一些矛盾，特别是贫富差距越来越大，已经成为一个严重的社会问题。马克思的按劳分配

---

① 〔美〕乔尔·S. 米格代尔：《社会中的国家》，李杨、郭一聪译，南京：江苏人民出版社，2013，第 240 页。
② 叶本乾：《路径—制度—能力：现代国家建构维度和建构有限国家研究》，《中共四川省省级机关党校学报》2014 年第 2 期。
③ 徐勇：《国家整合与社会主义新农村建设》，《社会主义研究》2006 年第 1 期。
④ 黄一映：《国家整合理论新发展：三种方法论视域的进路分析》，《华中科技大学学报》2014 年第 5 期。

理论暗含着一种不同于剥削不正义的正义观念，即由非选择的偶然因素导致的实际所得的不平等是不正义的观念。[①] 也就是说，当前我国由不同的身份等级、生活环境和天赋所导致的贫富差距是一种非正义。精准扶贫正是为了改变这种非选择性偶然因素所导致的非正义，并且实现国家对于社会贫弱阶层的整合。在 F 村调查贫困户，贫困户除了陈述自己的不幸遭遇外，大多表示，共产党和国家对贫困群众的政策比较好，精准扶贫确实是对困难群众的雪中送炭。有位因生病而致贫的中年男人说，自己虽然不能干重体力活，但还是想办一个养鸡场，一个大男人，不能只让老婆孩子在地里操劳，也不能只指望国家给钱。其他村民也认可评选出来的贫困户是比较公正客观的，是村里真正的贫困户，这些贫困户得到国家的帮助确实是一件正当的事情。这表明，精准扶贫确实回应了贫困群体的利益偏好，增强了社会认同与国家的凝聚力。

（四）精准扶贫中国家治理能力实践表达的反思

从上述分析可见，在陕西 M 县精准扶贫实践中，国家治理能力确实在不断增强，但是在此过程中，也确实还存在一些影响国家治理能力持续健康增长的因素。在国家对农村的日常治理实践中，要想推动国家治理能力的现代化发展，就必须考虑政治与行政的关系、国家对社会的规管和对农民的教育问题。

首先，在增强国家内部统领能力时，要正确处理中心工作与常规工作、政治动员的关系。通过将常规工作升级为中心工作，进而通过运动的方式进行中心工作的实践，以完成所规划

[①] 段忠桥：《当前中国的贫富差距为什么是不正义的？——基于马克思〈哥达纲领批判〉的相关论述》，《中国人民大学学报》2013 年第 1 期。

的任务，这是一种"行政吸纳运动"的治理方式。① 应该说，这种经过改装之后的运动式治理方式，在当前转型中确实可以调动国家内部强大的治理能量，能够及时突破层层障碍，从而达致某方面社会治理的好转。但是陕西 M 县在调动全县干部完成精准扶贫中心工作时存有两个不可忽视的问题。一是中心工作对常规工作的侵扰。在调查中，H 镇分管扶贫的副镇长说，当前精准扶贫是中心工作，其他一切工作都要围绕精准扶贫来展开。分包 F 村的县民政局干部说，自从精准扶贫工作启动以来，半个月内就五六次到村里检查或安排工作，自己的业务常规工作根本没有时间去做，只好暂时先放一放了。由此可知，中心工作挤占了常规工作的资源，包括用于完成常规工作的经济资源与人力资源，这为完成常规工作布设了陷阱，使常规工作无法按时保质地完成。二是中心工作中政治动员的简单化。已经 59 岁的 F 村支书谈到精准扶贫时说："一方面感觉压力巨大，工作任务必须按期完成，这是党和国家交给的重要任务，另一方面感觉当这个村干部没有多大意思，主要是在政治动员中，领导动不动就拿行政级别压人，动不动就说谁也不要倚老卖老，认为有了摆谱的资格，要是搞不好影响了整体扶贫工作，一样要收拾你。"中心工作是从改革开放前继承下来的一种工作方式，当时的政治动员主要靠革命热情、政治觉悟和对党与国家的忠诚。但是随着社会的变化，政治动员主要依赖的这些资源几乎已流失殆尽，处于压力型体制的上级就只好借助于行政级别来给下级施压。这种政治动员的简单化使各级干部感觉在工作中没有尊严，无法全身心地投入精准扶贫之中。只有正确处理中心工作与常规工作、政治动员的关系，才可能真正进一步提高国家内部的统领能力。

---

① 狄金华：《通过运动进行治理：乡镇基层政权的治理策略对中国中部地区麦乡"植树造林"中心工作的个案研究》，《社会》2010 年第 3 期。

其次，在增强国家认证能力时，要有力规管村庄社会的越轨行为。国家对社会的认证是否精准，很大程度上要依赖于国家对社会的规管能力。国家治理的对象之一就是社会中的越轨行为，国家治理越轨的目的就是限制越轨、鼓励遵从。标签理论认为越轨和遵从的主要起因不在于人们做了什么，而在于他人对其行为的反应。① 因此，在治理越轨行为中，国家必须建构起对越轨行为的正当反应。在陕西 M 县的精准扶贫中，国家三番五次强调精准识别，并且严格责任，发现问题要受纪律处分，严重的还要承担法律责任。这只是态度上的一种激烈反应，但是事实上如何认定与制裁越轨行为存在很大的问题。一是市场经济改变了村民日常生活的社会技能。日常生活的社会技能是由社会经验形塑的，在长期的市场经济价值熏染中，村民的理性精神越来越强，以致掩盖了其他的价值认同。在调查中，村民在谈到往年一些很富有的人都在吃低保时，普遍感到愤懑，但他们的愤懑大多只是针对村干部行为的越轨，而对于这件事情本身并没有强烈的反感，如果有一天他找到关系吃上了低保，他也会坦然接受，并不会觉得不应该。可见，村民看重的是自己能否获得利益，而不是获得利益的方式是否正当。也就是说，社会文化为越轨行为提供了机会。二是界定越轨行为的困难性。正如标签理论所认为的，越轨行为会引起国家或社会的比较负面的反应。但是在精准扶贫中，有些行为确实很难做出正面或负面评价。在产业帮扶中，让贫困户自己发展产业确实是一件相当困难的事情，只好让精英来带动帮扶，但是精英在其中是要获利的。比如，可以与贫困户一起养鸡养牛或者种果树等，贫困户一般没有获取市场机会的智识与能力，但是在资金、技术与市场等

---

① 冯林、关培兰:《科学定位越轨是国家治理的前提》，《法制与社会》2014 年第34 期。

方面有国家优惠政策的帮扶。而精英往往有获取市场机会的智识与能力，但缺少这些稀缺资源，于是精英可以与贫困户合伙搞种植养殖，但是其中的要害是获得利益后如何分成才算是正当的，才是符合国家规定的。只有恰当地定义与识别社会的越轨行为，才能提高国家的认证能力与规管能力。

最后，在增强国家分配能力时，还要通过教育农民来提高整合能力。现代国家整合既要实现国家对社会的有效控制，又要实现国家对现代化进程中业已分化的群体加以调控、统筹并形成一个有机整体，最终达到国家与社会的互强。处于现代化转型之中，中国的国家整合的一项重要内容就是将离散的农民或村落整合到国家体系之中，实现国家与乡村社会间的良性互动。① 应该说，精准扶贫就是国家通过资源的再分配对农村社会中贫弱阶层的一种现代整合。每年中央扶贫资金就有五六百亿元之多，再加上地方配套资金，全国有上千亿元的资金投入，这些资金分摊到 5700 多万贫困人口头上，对他们来说也是一笔不菲的收入。大部分贫困户在接受帮扶时，都持感恩之情，但是也有相当一些贫困户对此并不领情。陕西 M 县 H 镇扶贫办主任说：“其实精准扶贫是一件很好的事，但现在最困难的事情是与一些贫困户打交道，属于他的他就要，不属于他的他也要，得不到就骂国家。花了这么大的力气，对国家还不认同，有时候觉得国家真是划不来。”F 村的一位村干部说：“现在贫困户很难伺候，有一次扶贫资金来得慢了些，就有贫困户说，共产党是怎么搞的，到现在扶贫资金都发不下来。”1949 年毛泽东提出“严重的问题是教育农民”，其内在的逻辑之一是：国家要完成工业化的历史任务，必须尽可能多地获取农业剩余，农

① 殷焕举、胡海：《新中国成立以来国家整合农民模式的演变与重建》，《科学社会主义》2010 年第 1 期。

民将由革命主力军转变为工业化所需的农业剩余的提供者，这种对农民的剥夺可能会引起农民反弹，[①] 所以要教育农民。当前，我国已经完成了工业化的第一阶段，可以"以工哺农"，大量的资源流向农村，特别是精准扶贫更是直接针对农村社会中最贫弱的阶层，但是仅仅靠资源的输入，国家并不能实现对贫困人群的整合。看来，在资源下乡的时代，最严重的问题仍然是教育农民。

（五）结语

陕西 M 县在精准扶贫中，县对乡村通过政治动员与检查考核来统管。在政治动员中，将精准扶贫与社会主义本质属性、"中国梦"和全面建成小康社会相关联，形成共识，并且建构了惯常的科层体制与临时"单位包村，干部包户"相结合的工作体系。在精准扶贫的集体行动中，上级通过突击检查与定期考核并辅以物质、工作及职务奖励等来调动下级的工作积极性。陕西 M 县的贫困户认证达到了精准识别的程度，主要得力于市县严格统一了认证标准，通过将县乡两级干部交叉包村和乡镇干部交换包村建构了双重交叉协作机制，真正调动了村干部的积极性，抑制了熟人社会的关系运作。对真正贫困农户的救助与帮扶，使贫困群体及整个社会都体认到国家对每个群体的关注与照应，从而产生良好的整合效应。但是陕西 M 县的精准扶贫实践中，存在一些国家治理能力持续健康增长的不良影响因素，要想推动国家治理能力的现代化发展，就必须考虑政治与行政的关系、国家对社会的规管和对农民的教育等问题。至此，

[①]　周建伟、陈金龙：《为什么"严重的问题是教育农民"？——毛泽东农民理论的一个解读》，《现代哲学》2008 年第 1 期。

对精准扶贫实践中国家治理能力考察，可以至少得到以下三个结论：一是整体而言，国家治理能力呈现不断增强的趋势；二是国家治理能力的增长存在一些不良影响因素；三是要想实现国家治理能力的健康持续增长，就要进一步处理好政治与行政的关系，提高规管社会的能力和增强教育农民的意识和能力等。

六 想象与现实之间

党的十八届三中全会提出，全面深化改革的总目标是推进国家治理体系和治理能力现代化。由政府、市场和社会三者的协同和互动构成的中层子系统在其中起着关键作用，它既传递和体现顶层核心子系统的功能，又支撑和促进下层保障层子系统的生成。推进国家治理体系和治理能力的现代化，需要围绕市场配置资源的决定地位来重塑政府与市场关系；需要围绕多元治理的结构来重新厘清政府与社会的关系；[①] 需要围绕政府的时代角色来重新规定国家的治理方式及限度。但是政府、市场和社会的角色与关系的转型并不是想象中的线性突变式的，而是现实中的非线性渐进式的，只有正确认识当下三者之间的矛盾关系并提出符合阶段性的渐进式举措，才能够更好地推进国家治理体系和治理能力现代化。

（一）是什么限制着国家的治理方式

1. 精准治理与模糊治理

从模糊治理向精准治理转型，表明我国整体治理格局正在

---

① 胡宁生：《国家治理现代化：政府、市场和社会新型协同互动》，《南京社会科学》2014 年第 1 期。

从"总体性"社会简约治理逐步向"协商式"公民治理迈进，从制度治理向技术治理，再到强调弹性、扁平和无缝链接的"后技术治理"转变。[1] 精准扶贫是对贫困的精准治理，但是因中西部贫困地区经济社会发展的滞后性，基层治理仍然属于一种模糊治理，所以精准扶贫遭遇了两种治理相互碰撞后的尴尬。

中国历代就有"皇权不下县"的治理传统，县以上由朝廷选派官员治理并享受国家俸禄，县以下则由士绅治理，士绅成为连接国家与农民的治理中介，士绅并不享受国家的俸禄。黄宗智将这种治理模式称为"简约治理"。简约治理实际上就是一种模糊治理，是一种粗放式、经验化的社会管理方式，国家只关心税收、兵役与稳定等基本的治理目标，至于老百姓的生产生活上的矛盾等多由士绅治理。近代以来，国家政权建设不断向乡村渗透，新中国成立之后，特别是 20 世纪 50 年代单位体制确立后，国家权力可以直接渗透农民个体，但是这种体制无法长期激发农民积极性。改革开放之后，在"乡政村治"的治理格局之中，乡镇成为国家最低的一级政权，农村以村为单位成立村民自治委员会治理村庄内部事务。国家实施的具有普遍性和宏观性的政策目标具有规则性，但国家必须依赖村干部作为国家权力的代理人来执行政策，村干部受到国家正式制度执行的规则、村级组织"准政权"的规则以及乡村社会"人情""面子"等多重规则的共同影响，其身份很模糊。村干部的这种身份模糊恰恰意味着其行为所遵循的制度规则的模糊，也正是国家采取的"模糊治理术"所建构的结果。[2] 模糊治理本质上继承和发展了治理理论，强调多元主体参与和权力维度

---

[1] 郭小聪、宁超：《模糊治理与策略性回应：社区治理主动性的一种解释》，《国家行政学院学报》2017 年第 3 期。

[2] 田雄、王伯承：《单边委托与模糊治理：基于乡村社会的混合关系研究》，《南京农业大学学报》（社会科学版）2016 年第 2 期。

多重互动。模糊治理显示了我国基层治理的复杂性和多样性，表明国家对于具体的基层治理存在顶层设计不足和系统梳理不充分的问题。在现代社会，国家对于农村实施模糊治理，很难及时发现农村潜在的矛盾，常常等到矛盾已经凸显时，再做策略性回应，形成了一种"模糊治理－策略性回应"的被动性治理。[①] 模糊治理会造成村干部治理行动的非规则性，并形成具有特殊主义倾向的行动选择，对追求国家治理现代化的系列制度的运行提出了挑战。[②]

中国传统的模糊治理范式的主动性、靶向性和反应能力已确实不适应我国现阶段的社会形势，因此，中国场景下的政府治理范式需要进行更好的、更加准确的转换，那就是向精准治理的方向转型。[③] 党的十八届三中全会提出推进国家治理体系和治理能力现代化的新目标，在各地的社会治理改革方案中，多次提出实现社会治理结果精准化的目标。从模糊治理向精准治理转型，是适应了当前中国社会的"结构性功能失调"（贫困、失业、生存尊严等社会短板问题在有些地方不仅没有解决甚至还在恶化）。模糊治理无法解决这些显性化的"社会短板"问题，必须精准地找到其"结构洞"，并对症下药，才有希望解决这些社会问题。[④] 从理论上讲，基层治理精准化要求基层治理注重保障民众权利，尊重宪法法律权威和科学规律，规范公共权力，注意调动市场、社会等各方面的积极性。在基层治理中推

---

① 郭小聪、宁超：《模糊治理与策略性回应：社区治理主动性的一种解释》，《国家行政学院学报》2017 年第 3 期。

② 田雄、王伯承：《单边委托与模糊治理：基于乡村社会的混合关系研究》，《南京农业大学学报》（社会科学版）2016 年第 2 期。

③ 赵建华：《精准治理：中国场景下的政府治理范式转换》，《改革与开放》2017 年第 11 期。

④ 张鸿雁：《"社会精准治理"模式的现代性建构》，《探索与争鸣》2016 年第 1 期。

进社会治理精准化，构建全民共建共享的社会治理格局，强调精准施策、精准发力，即把有限的资源用到解决最关键的问题上并取得最大效益。以科学、理性为内核的精准化治理，体现了现代社会发展的一般性规律，社会治理精准化是国家治理现代化的必然选择。①

其实精准化治理早几年就出现在上海、广东、江苏、浙江等一些发达地区。比如，在电子治理领域，2014 年国务院发布《促进大数据发展行动纲要》，要求建立"用数据说话、用数据决策、用数据管理、用数据创新"管理机制，广东省政府就正式成立了广东省大数据管理局；上海市就已经建立了专门的"上海市政府数据服务网"，提供数据产品、数据应用、社会专栏和地理信息四类服务。② 这些地区的物联网、大数据等技术手段比较全面地发展，提高了基层治理的精准度和靶向性，效果也很突出。笔者在上海崇明调查时，就发现上海已经建立起完备的村庄和农民的信息数据库，低保、农业补贴等政策的实施具有很强的精准性。精准扶贫就是要将这种发达地区的精准治理的经验推广到全国的贫困治理领域。习近平总书记 2015 年在贵州考察时提出了"精准扶贫"的要求："切实做到精准扶贫。扶贫开发贵在精准，重在精准，成败之举在于精准。各地都要在扶持对象精准、项目安排精准、资金使用精准、措施到户精准、因村派人（第一书记）精准、脱贫成效精准上想办法、出实招、见真效。"③但是问题在于贫困地区的基层治理能力与发达地区的基层治理

---

① 李严昌：《基层治理精准化：意义、内容与路径——以重庆市沙坪坝区联芳街道为例》，《重庆理工大学学报》（社会科学版）2017 年第 5 期。

② 李大宇、章昌平、许鹿：《精准治理：中国场景下的政府治理范式转换》，《公共管理学报》2017 年第 1 期。

③ 习近平：《谋划好"十三五"时期扶贫开发工作》，转引自张鸿雁《"社会精准治理"模式的现代性建构》，《探索与争鸣》2016 年第 1 期。

能力不在同一个水平层面上。精准扶贫最为基础的工作是精准识别，但是中西部地区因其长期的模糊治理，基本上没有建立起村庄与农户的信息数据库，此外，与东部发达地区农民收入相比，中西部地区农民的收入具有非规则性，存在大量自给自足经济、现金经济，很难统计出一个精确的数据，很多地区精准识别变成了社区瞄准，变成了贫困指标引导下的民主评议。民主评议往往会出现大量的偏差，民主评议的结果就无法正常对接精准治理。所以当前很多地方花了很大力气一次又一次地做扶贫数据库，但是总达不到预期精准的目标，就是因为中西部地区还没有出现与东部地区一样的家户信息统计的经济社会条件。

难怪，国家总是觉得信息管理不可靠，基层干部总是觉得数据很难做，农户总是觉得不知道如何清算自家的收入情况。而从精准治理的原始目标及其混乱的现实来看，精准扶贫最大的问题就是识别不精准。[①] 国家能否掌握贫困的真实数字，是国家精准治理贫困能力的标志，也是国家能够有效治理贫困的基础。从某种意义上说，也是国家在中西部地区的精准扶贫能否推动国家治理现代化的重要基础。

2. 运动式治理与常规性治理

近几年的精准扶贫在全国上下掀起了一股运动式治理热潮，而现代化治理要求有比较成熟的治理体制机制，对于社会问题能够形成常规性治理。两者之间的矛盾，有可能影响精准扶贫中国家治理能力的提高。

有学者认为，运动式治理贯穿于中国大历史之中，是传统

---

① 贺雪峰：《精准扶贫首先要做到精准识别》，《第一财经日报》2017 年 11 月 16 日，第 A11 版。

中国国家治理逻辑的重要组成部分。运动式治理的突出特点是
（暂时）打断、叫停官僚体制中各就其位、按部就班的常规运
作过程，意在替代、突破或整治原有的官僚体制及其常规机制，
代以自上而下、政治动员的方式来调动资源、集中各方注意力
完成某一特定任务。[①] 这种观点将政治运动也看作一种运动式治
理。更为广泛的看法是将政治运动与运动式治理看作相互衔接
的不同的治理方式，认为改革开放后的运动式治理是由改革开
放前的政治运动直接变身而来。改革开放前的政治运动是一种
激进的动员政治，表现为干群一体化动员，从中央的权力核心
出发，自上而下贯穿多个治理层级，层层发动与实施，最终达
到彻底击穿社会的动员效果。改革开放以后，中国从政经一体
化体制向政经分离化体制转变，但是国家内部依然具有超强的
动员能力可进行运动式治理。运动式治理是指由各级政府、政
府部门或领导干部发动的，以干部为主要的动员和参与对象，
针对政府治理中遇到的重大而棘手的问题开展的一种突击性运
动式专项整治的方式。[②] 运动式治理作为一种治理现象，所关涉
的总是行动者在集体行动中寻找一致性的行动方案，以解决公
共资源不足的问题，达成特定的治理目的。[③] 改革开放以来，运
动式治理之所以能够长期存在主要有以下原因。首先，运动式
治理具有相对有效性。对于突出的社会问题，开展运动式治理
可以调动和整合各部门、各层级的政府资源，集中力量，在短
时间内实现"立竿见影"的效果。其次，可替代性治理工具供
给不足是运动式治理长期的现实合理性。只要供给不足的现状

---

① 周雪光：《运动型治理机制：中国国家治理的制度逻辑再思考》，《开放时代》
2012 年第 9 期。

② 叶敏：《从政治运动到运动式治理——改革前后的动员政治及其理论解读》，
《华中科技大学学报》（社会科学版）2013 年第 2 期。

③ 黄科：《运动式治理：基于国内研究文献的述评》，《学术论坛》2013 年第 10 期。

依然存在，运动式治理就将有存在空间。最后，与本土治理生态天然契合是运动式治理长期存在的源生动力。① 运动式治理的一个本意是提高国家的动员能力，在市场化的过程中更好地发挥政府对市场和社会的调控作用，以形成常态的市场和社会秩序。② 但学界认为，运动式治理要逐渐向常规性治理转型。

　　常规性治理需要常规机制，而常规机制建筑在分工明确、各司其职的组织结构之上，体现在稳定重复的官僚体制过程以及依常规程序进行的各种例行活动中，并且组织也正是在这种常规机制上得以建立其稳定性、可预测性和高效率的。③ 韦伯指出，以官僚等级结构、各司其职、按章办事为核心的正式组织是现代社会的基本组织形式。官僚组织中的官员受到专业化训练，以文牍工作为职业生涯，在正式权威关系基础上互动，以规章制度为安身立命之本，恪尽职守。在官僚组织中，管理层对下级属员的约束大多以正式规章制度实施之；而员工为了抵制上级管理人员任意干涉，也诉诸正式规章制度的保护。可见，官僚组织结构给予官员持续的压力，要求他们有序、谨慎、守规。一个官僚机构如果能够成功运转，它必须达到高水平的行为可靠性，对既定行为方式高度服从，而社会结构的效能最终依赖于这些官僚成员内化了相应的态度和心态。在莫顿看来，这些守规心态的内化强度常常超过了技术上的要求，使来自组织制度的按章办事规则超越了技术要求，使其中的工具性价值

① 李辉：《"运动式治理"缘何长期存在？——一个本源性分析》，《行政论坛》2017 年第 5 期。
② 唐贤兴：《运动式治理存在着弥补政府动员能力不足的可能性》，《学术界》2009 年第 4 期。
③ 周雪光：《运动型治理机制：中国国家治理的制度逻辑再思考》，《开放时代》2012 年第 9 期。

转化为终极价值，从而塑造了官僚的基本行为定式。① 这种由组织制度圈定的定式行为会造成官僚体制的规避风险、墨守成规、刻板僵化等弊病。因此，常规性治理并不一定就是持续有效的，还有可能是低效的。

精准扶贫已经成为一种运动式治理，主要表现为以下几个方面。首先，精准扶贫打断了按部就班的官僚体制运作方式。长期以来，贫困治理都只是一项常规性治理，在国务院扶贫办领导下工作，从上至下都有固定的工作人员承担相关具体的工作，但是精准扶贫不仅成为一项各级政府中心工作，还将官僚体制内的所有工作人员都卷进贫困治理，使他们都分担具体的帮扶工作与责任。其次，精准扶贫调动了各方资源集中于贫困治理。精准扶贫不仅要求行政体系内部每名工作人员都要有具体的包保帮扶对象，而且调动起龙头企业、合作社等市场主体都要吸纳贫困户，都要想办法增加贫困户的经济收入，还要驱动社会组织、金融组织等参与贫困户的生产生活，为他们提供资金、技术等服务。最后，精准扶贫事实上打破了官僚机制动员能力不足的局面，将国家、市场与社会的力量都动员起来，解决了贫困治理资源不足的问题，形成贫困治理的集体行动，以达到带领贫困户在 2020 年整体进入小康社会的目标。

精准扶贫在全国掀起的运动式贫困治理，确实打破了官僚制的墨守成规、僵化刻板等弊病，但显然与国家治理现代化中制度化、法治化的要求是背道而驰的。这种悖论有两种表现形式：一种表现为中国国家治理必须不时地打破封闭型官僚体制的常规状态，震动和打断常规型治理机制的束缚和惰性以及这一状态所产生的既得利益，或者将官僚体制的运转纳入新的轨

---

① 周雪光：《运动型治理机制：中国国家治理的制度逻辑再思考》，《开放时代》2012 年第 9 期。

道；① 另一种表现为因国家发展的不平衡不充分，我国的贫困治理形式还没有达到一个规则化与稳定性的样态，中西部贫困地区的运动式治理还不能及时转化为常规性的贫困治理模式。其原因在于现实中并不存在完全意义上供给充足的制度有效性。与供给充足相比，制度有效性供给不足是一种现实常态。特别是在社会主义初级阶段和社会转型时期，中国社会治理将在很长一段时间内处于制度有效性阶段性供给不足的状态。为此，持续有效性的常规性治理是一种理想状态，但并不能完全实现，而对制度有效性造成伤害的运动式治理就现阶段而言可能仍然是一种常态。②

3. 科层体制的治理限度

精准扶贫本来是要对贫困实现精准治理，并走向常规性治理，但是在实践中不得不采取模糊治理与运动式治理，其中很重要的原因在于科层体制存在治理限度。

科层制（官僚制）最早是由马克斯·韦伯提出来的。马克思和列宁将其视为资产阶级国家机器而加以批评，事实上，科层制在西方社会科学领域是一个中性词，用于表示一种行政和生产管理的组织形式。在当今社会，科层制已经成为主导性的组织制度，是绝大多数国家的行政组织形式，并在事实上成了现代性的缩影。这种理性科层制组织具有四大基本特征。首先，专门化。根据工作类型和目的来划分工作部门与职责范围，组织成员将接受组织分配的活动任务，并按分工原则专精于自己岗位职责的工作。其次，权力等级化。所有岗位的组织遵循等

---

① 周雪光：《运动型治理机制：中国国家治理的制度逻辑再思考》，《开放时代》2012年第9期。
② 李辉：《"运动式治理"缘何长期存在？——一个本源性分析》，《行政论坛》2017年第5期。

级制度原则，严格按等级划定上下级之间的职权关系，每个人的权威与责任都有明确的规定，每个职员都受到高一级的职员的控制和监督。再次，规章制度化。组织运行，包括成员间的活动与关系都受规章制度限制，每位成员都了解自己所必须履行的岗位职责及组织运作的规范。最后，非人格化。官员不得滥用职权，个人的情绪不得影响组织的理性决策，公事与私事之间具有明确的界限，严格按法令和规章办事，确保组织目标的实施。[①] 从科层制的上述特点可以发现科层制组织的基本假设是，只要按照纵向和横向的交叉就可以找到相应的权责关系节点；节点与节点间或者纵向隶属，或者横向分隔，必须泾渭分明；每个节点都按部就班地执行职能，整个组织体系的治理绩效就能够实现。[②] 虽然科层制具有严密性、合理性、稳定性和普遍性等优点，但是科层制的基本逻辑无法适应公共事务的跨界性、复杂性和不确定性，并且科层制容易导致官僚主义和对个人自由与人性的漠视。

可见，科层制在公共事务的治理上存在明显的限度。在精准扶贫中，当科层制向农村社会内部延伸时，就暴露了其在农村事务治理上的无力感。农村事务是高度总体性的、细小琐碎的、季节性的、偶然性的、重复性比较差且不规范的，而科层制所要应对的是高度重复、频繁发生的事务，是高度分工基础上的事务，这就使得科层制完全不适合基层，尤其不适合村民组一级，[③] 更不可能与具体农户对接。特别是中西部贫困地区的农村事务，常常以个案形式存在，并且多是不规

---

① 宇红：《论韦伯科层制理论及其在当代管理实践中的运用》，《社会科学辑刊》2005 年第 3 期。

② 李辉：《"运动式治理"缘何长期存在？——一个本源性分析》，《行政论坛》2017 年第 5 期。

③ 贺雪峰：《治村》，北京：北京大学出版社，2017，第 199 页。

则的，很多事务的处理都需要借助民间权威，而不是正式科层体制。科层制是以大量事务的规则发生为基础的，因此需要以分工来高效应对。在乡镇以上，科层制有条件，且越是上级行政部门越需要科层制来应对大量发生的各种专门事务。而在当前快速的城市化进程中，农村包括贫困地区农村的人、财、物都在迅速从农村流入城市，农村的事务就更加复杂、琐碎、偶然、具有非规则性等，基层治理需要相当的灵活性，需要与社会之间保持密切的联系互动。因此，国家搞精准扶贫本来希望实现精准治理，并最终走向常规性治理，到了基层却演变成了无法精准，依然要依靠模糊治理，并要以运动式治理来调动巨量资源投入贫困治理之中。这正是科层制在农村治理的困境使然。

搞清楚国家治理体系和治理能力现代化的内涵与要求，也是正确评价精准扶贫中治理行为的基础。习近平主席指出，国家治理体系和治理能力是一个国家的制度和制度执行能力的集中体现，两者相辅相成。我们的国家治理体系和治理能力总体上是好的，是有独特优势的，是适应我国国情和发展要求的。我国今天的国家治理体系，是在我国历史传承、文化传统、经济社会发展的基础上长期发展、渐进改进、内生性演化的结果。我国国家治理体系需要改进和完善，但无论怎么改、怎么完善，我们都要有主张、有定力。没有坚定的制度自信就不可能有全面深化改革的勇气，同样，离开不断改革，制度自信也不可能彻底、不可能久远。坚定制度自信，不是要故步自封，而是要不断革除体制机制弊端，让我们的制度成熟而持久。只有以提高党的执政能力为重点，尽快把我们各级干部、各方面管理者的思想政治素质、科学文化素质、工作本领都提高起来，尽快把党和国家机关、企事业单位、人民团体、社会组织等的工作能力都提高起来，国家治理体系才能更加有效运转。① 现代化指从传统社会向现代社会、从农业社会向工业社会的转变及过程。现代化涉及人类生活的各个方面，包括技术的进步，都市化和工业化的发展，教育的普及和水平的提高，大众传播的发展，纵向和横向的社会流动机会的增加，尤其是民主政治参与的扩大等。从本质上说，治理是建立在市场原则、公共利益和社会认同之上的合作，其权力向度是多元的、相互的，而不是单一的和自上而下的。所以，治理理念应包含法治精神、多元和宽容意识、公民参与等现代化要素。推进中国国家治理体系和治理能力现代化，就是要进一步发扬法治精神、培育多元和宽容意识、鼓励公民参与；要促使国家治理能力在各个国家职能领域中更合法、更合理、更高效地运行；在增强整个国家治理体系的合法性基础的同时，提高国家治理体系中各种制度的理性化程度。②

国家希望对贫困实现精准治理，但是无法抛弃长期以来的基层模糊治理模式，为了达到预期脱贫的目标，不得不使用运动式治理，以突破科层制或官僚制的治理限度，从这些矛盾以及解决问题的方式中，可以发现国家在农村扶贫的治理现代化上有以下几点需要明确或注意。

第一，与东部发达地区不同，在城镇化快速推进的背景下，中西部地区农村人、财、物大量流入城市，农村不断凋敝，经济社会现象均不稳定，因此，在精准扶贫中要想做到精准治理很难。

第二，中西部地区农村利益稀薄，经济社会现象不稳定，

① 习近平：《完善和发展中国特色社会主义制度 推进国家治理体系和治理能力现代化》，人民网，2014 年 8 月 14 日，http://cpc.people.com.cn/n/2014/0218/c64094-24387048.html。
② 薛澜、张帆、武沐瑶：《国家治理体系与治理能力研究：回顾与前瞻》，《公共管理学报》2015 年第 3 期。

村庄事务缺乏规则性，但是科层制组织因其专门化、权力等级化、规章制度化与非人格化的特点，适应的是大量的、频繁发生的、规则性的社会事务，因此科层制组织在农村存在治理限度。

第三，鉴于第一条原因，在精准扶贫中，就要将精准治理与模糊治理相结合，比如在贫困识别中，无法在数字上做到精准时，就要利用村庄内部的民主评议来进行模糊识别，关键是要不断提高基层治理现代化中的民主参与能力。

第四，鉴于第二条原因，当农村贫困问题上升为重要的社会问题需要在预期时间内解决时，科层制治理无法完成，必须采取运动式治理调动国家、市场与社会等巨大的资源，从而形成强大的一致性集体行动，才能够最终达成目标。

第五，在中西部地区现有经济社会条件下，模糊治理与运动式治理都有其存在的理由，是对于精准治理与科层制治理的有效补充，可以极大地提高基层治理能力，也体现了国家治理现代化中的多中心与公民广泛参与等指标。

第六，精准扶贫中，国家治理体系的现代化更多体现在国家内部不同层级政府间扶贫治理体制机制的建构与完善方面，至于乡镇以下，在于将现代的精准治理与传统的模糊治理、普遍性的科层治理与中国特殊性的运动式治理实现有机结合，以共同提高国家的基层治理能力。

第七，精准扶贫中，国家治理能力现代化不仅要激发社会参与，还要建设"以科层结构为主干的建立在现代价值观和法理基础之上的行政官僚体系"，促进贫困户与国家的互动，实际上通过与公务员打交道来实现，公务员的态度、能力和服务水平直接影响着政府质量，[①] 如果没有公务员的现代化，就没有国

----

① 薛澜、张帆、武沐瑶：《国家治理体系与治理能力研究：回顾与前瞻》，《公共管理学报》2015 年第 3 期。

家治理的现代化。

（二）国家，还是市场，仍然是个问题

1. 精准扶贫排斥市场的现象

党的十八届三中全会明确提出，要让市场在资源配置中起决定性作用和更好发挥政府作用。这是对在资源配置中市场和政府作用的新定位，是我国社会主义市场经济理论的重大突破，也是马克思主义经济学中国化的重要成果。这个理论突破涉及政府和市场关系的重大调整。市场配置资源有三个机制，即市场规则、市场价格和市场竞争。三者结合才能达到效益最大化和效率最优化的目标。明确市场对资源配置起决定性作用就意味着完全由市场机制决定生产什么、怎样生产、为谁生产，而不应该再有政府的决定作用。[①] 但是作为国家治理体系主体之一的中国各级政府，仍有重大作用。党的十八届三中全会审议通过的《中共中央关于全面深化改革若干重大问题的决定》指出，"政府的职责和作用主要是保持宏观经济稳定，加强和优化公共服务，保障公平竞争，加强市场监管，维护市场秩序，推动可持续发展，促进共同富裕，弥补市场失灵"。中国各级政府必须在国家治理中起主导作用，实现"有效的政府治理"[②]。不过，政府治理的主导作用不能覆盖市场在资源配置中的决定性作用，甚至直接对市场进行限制、束缚或取而代之。

在精准扶贫中，产业扶贫是重头戏，70%的扶贫资金都用于扶贫产业发展，扶贫产业培育发展与市场具有非常密切的关

[①] 洪银兴：《关于市场决定资源配置和更好发挥政府作用的理论说明》，《经济理论与经济管理》2014年第10期。

[②] 许耀桐、刘祺：《当代中国国家治理体系分析》，《理论探索》2014年第1期。

系，也应该遵循市场对资源配置的决定性作用，但是基层政府在具体操作过程中常常出现侵犯市场的行为。

首先，对于发展什么扶贫产业项目的干预。市场决定生产什么是指生产什么东西取决于消费者的货币选票，涉及资源配置的方向。市场要起到决定作用，不仅要求生产者自主经营和决策，还要求消费者主权和消费者自由选择。生产者按消费者需求、按市场需要进行生产，提供市场所需要的产品和服务。[①]但是在精准扶贫中，当产业要在一个个具体的村庄落实的时候，要受到温度、雨水、阳光、地形、土壤等自然因素和劳动力、村庄社会组织形式等社会因素的限制，而从这些条件出发选择产业，就没有发挥市场的选择功能，生产出来的商品就要受到市场的惩罚。也有一些地方扶贫干部在扶贫之中，不顾自然社会环境的规则，完全从市场需求、市场价格出发来决定生产什么，但是这样决定又要受到自然社会环境的惩罚，根本生产不出合格的商品，并且这种选择名义上是遵循了市场规律，但实质上是基层政府扶贫主体在有限理性影响下做出的主观选择，对消费者的货币选票缺乏充分的预见性判断。

其次，对于扶贫产业如何生产的干预。市场决定如何生产是指市场主体（企业）自主决定自己的经营方式，自主决定自己的技术改进和技术选择。在充分竞争的市场环境中，生产者会选择最先进的技术、最科学的经营方式、最便宜的生产方法。竞争越是充分，资源配置效率越高。[②]但是在精准扶贫中，基层政府工作者在选定产业项目后，往往就要选择经营方式。现在比较广泛的做法是，将贫困农户组织进各种生产合作社，或者

---

① 洪银兴：《关于市场决定资源配置和更好发挥政府作用的理论说明》，《经济理论与经济管理》2014年第10期。
② 洪银兴：《关于市场决定资源配置和更好发挥政府作用的理论说明》，《经济理论与经济管理》2014年第10期。

引进龙头企业，雇用贫困户从事生产工作，或者销售与贫困户关联起来采取订单制生产等。这些经营方式看起来很合理，很漂亮，很上档次，但是实际上很难起到实效。比如，将农民集中到合作社，但是成员都具有不完全理性，都只从个体利益出发，很难合作起来，也就很难采取最先进的技术，生产成本并不经济。

最后，对扶贫产业为谁生产的干预。市场决定为谁生产是指生产成果在要素所有者之间的分配，取决于各种生产要素市场上的供求关系。市场配置的资源涉及劳动、资本、技术、管理和自然资源。各种资源都有供求关系和相应的价格，相互之间既可能替代又可能补充。由此就提出资源配置效率的一个重要方面——最稀缺的资源得到最节约的使用并且能增加有效供给，最丰裕的资源得到最充分的使用。① 但是在精准扶贫中，扶贫工作者圈定的扶贫产业最为重要的目标是为贫困户生产，而贫困户往往劳动力素质偏低，缺乏资本、技术与自然资源等，如此一来，就打乱了要素资源的配置，使其他要素拥有者都不得不为贫困户生产，从而浪费了稀缺资源，使丰富的资源得不到充分的使用。

在精准扶贫中，基层政府工作者对市场配置资源的干预，对围绕扶贫产业的帮扶主体、市场精英与贫困户等都产生了不利影响。首先，帮扶主体的寻租。基层政府工作者作为精准扶贫的帮扶主体，掌握着大量的扶贫资金以及资金的使用权，可以代替市场选择发展什么产业、如何经营产业，因此拥有了最终的决策权，也就拥有了寻租的空间，扶贫中的腐败行为也因此而起。其次，精英捕获。产业扶贫携带着大量的利益，比如，

---

① 洪银兴：《关于市场决定资源配置和更好发挥政府作用的理论说明》，《经济理论与经济管理》2014年第10期。

贷款优惠、项目补贴等，但是贫困户缺乏响应市场的能力，他们常常无法独立从事产业生产与发展，基层政府不得不挑选合作社、龙头企业等市场精英来带领贫困户致富，如此一来，大量的扶贫优惠政策都被市场精英所享受，搭扶贫便车捕获了大量的经济资源。最后，贫困户的机会主义心态。在整个产业扶贫过程中，贫困户实际上处于一种被安排的位置，他们无法掌控产业的发展过程，只能被动地接受帮扶，被动地使用自己的劳动力和国家以他们的名义调配的种种资源，当然这与他们个体素质无法与市场匹配相关，但是这种被动接受帮扶资源也会使其养成机会主义心态，即国家总要帮扶，不需要自己辛苦劳动，只要等靠要，就会得到资源。显然，基层政府工作者直接干预市场会影响产业扶贫相关主体行为偏好选择，也使市场在资源配置中起不到决定性作用。

2. 精准扶贫排斥市场的原因

在精准扶贫中，基层政府工作者常常会侵犯市场规则与秩序，并不是纯主观的行动，在某种意义上，是种种客观条件使其不得不采取的特别措施。

首先，行政压力。国家规定的精准扶贫最终奋斗目标是到2020年实现全部贫困人口共同进入小康社会，当前扶贫开发工作已经进入"啃硬骨头、攻坚拔寨"的冲刺期，国家要求各级党委政府必须增强紧迫感和主动性，进一步厘清思路、强化责任，采取力度更大、针对性更强、作用更直接、效果更可持续的措施。特别是精准扶贫以运动式治理的方式从上向下推进，打破了官僚制的运作逻辑。基层组织在进行政策执行的政治动员时，一方面要以运动式治理的原则进行政策的执行，另一方面要接受上级官僚体制的监督与考核。在某种意义上，精准扶贫已经成为各级政府的中心工作和政治任务，在层层目标考核中都有"一票否决"和主要领导"立军令状"及问责的巨大压力。可见，基层组织执行精准扶贫政策，受制于运动式治理与官僚制的双重约束，既要在短期内迅速完成任务，又要规范化地执行。目标管理责任制在基层组织中所营造的压力氛围，会促使基层干部通过策略主义的方式，寻求自洽的生存之道。[1] 精准扶贫中的产业发展本来应该属于市场配置资源的范畴，但是基层政府与帮扶干部在政治性行政任务的压力下，不得不代替市场进行选择，生硬地打破市场规则与市场秩序，在贫困地区村庄到处开花式地人为造出一个个产业，比如向贫困户送猪牛羊等当作扶贫产业。

其次，贫困地区的产业劣势。当前精准扶贫已进入了攻坚阶段，在集中连片贫困地区剩余的贫困村庄发展产业具有多维困境，包括自然环境与经济社会发展条件两个方面。先来看自然环境方面，经过长期以来各项扶贫措施的实施，集中连片、容易帮扶的贫困人口已经脱贫致富，剩余的未脱贫地区都是在偏远的山区，那里土壤贫瘠，气候多变，自然灾害种类多、频率高、损失大，抗灾能力弱。[2] 从经济社会发展条件来看，贫困地区无论是城镇化水平、地方财政收入、社会基础设施，还是产业结构、公共服务水平等方面，都落后于非贫困地区。受制于高山阻隔，贫困地区内村落与贫困人口处于相对封闭状态，村落与村落、村落与城镇的联系较弱。城镇经济发展功能弱，对农村的辐射影响极为有限，农产品特别是大宗农产品的商品率偏低。以提高农业生产水平为主的产业帮扶受制于城镇经济

---

① 雷望红：《论精准扶贫政策的不精准执行》，《西北农林科技大学学报》（社会科学版）2017 年第 1 期。

② 张春美、黄红娣、曾一：《乡村旅游精准扶贫运行机制、现实困境与破解路径》，《农林经济管理学报》2016 年第 6 期。

发展水平低的影响，产业带动贫困人口增收的效应偏弱。贫困地区封闭的社会网络和高同质性的认知，也在一定程度上限制了扶贫产业的发展。① 因此，贫困地区本来就是经过市场选择后的产业发展困难区域，确实很难找到具有发展优势的产业项目，靠市场将产业资源配置到贫困地区确实不是短期内可以实现的，也许对一些地区而言就不存在这种可能性。在精准扶贫的战略任务和具体帮扶任务的压力下，基层帮扶干部没有耐心坐等市场将资源配置到贫困地区，所以不得不实现行政干预，凭意志力建立起一个个扶贫产业。

最后，贫困人口的素质偏低。贫困地区的人口文化素质与科学素质偏低，中老年群体的文盲/半文盲比例高。贫困群体知识/技术和能力不足、保健卫生状况不佳、教育发展滞后、人力资本投入少、自我发展能力水平低，又受制于交通通信、社会基础设施滞后的影响，造成贫困人口流动能力偏低，转移劳动力数量少，大量劳动力不得不沉淀在贫困地区，依靠自然资源维持生存与发展。② 贫困人口的素质问题还表现在其特有的贫困文化方面。贫困山区地理环境封闭，长期聚居，村寨内就构成了一个"小型、封闭性和同质性"的传统社会，村民共享了一套日常生活的意义系统，共享了一套文化特质，形成了一种与主流文化之间存在明显差异的村寨亚文化。村寨文化根植于村寨内部村民生产生活的贫困土壤之中，在代际不断传递，日积月累形成了一种顽固的贫困文化。这种贫困文化吸纳了村民的现代转型，当国家想借助精准扶贫来加速村民的现代转型时，精准扶贫却常常陷入村寨贫困文化的象征

---

① 沈茂英：《四川藏区精准扶贫面临的多维约束与化解策略》，《农村经济》2015年第6期。

② 沈茂英：《四川藏区精准扶贫面临的多维约束与化解策略》，《农村经济》2015年第6期。

符号、社会规范和价值观念等要素相互作用形成的结构性困境之中。① 也正因如此，贫困人口缺乏自主发展产业的基本素质，顶着巨大压力的帮扶干部不得不代替他们选择发展产业项目。

贫困地区人口素质偏低，自然环境与经济社会条件劣势明显，基本上无法自主发展扶贫产业，顶着必须完成国家战略任务的巨大政治压力的基层帮扶主体找不到可供替代的产业发展的市场路径，在"操控市场惯性"和"父爱情怀"②的驱使下，基层帮扶工作者无法等待市场发挥资源配置作用，也害怕市场无法将资源配置到位，于是就违背市场规则，对市场实施干预控制。

3. 国家与市场的距离

在产业扶贫中，发展什么产业、怎么发展和为谁发展都不是贫困户自主决定的，也不是市场发挥了正常的选择功能，而是基层政府扶贫工作者挑选与大力推动的结果。在贫困地区调查精准扶贫时发现，国家关于产业扶贫的设计具有很强的针对性，仅从想象上看是非常有情怀、非常有前景的帮扶措施，但是从具体的村庄与农户来看，其产业发展存在大量的问题，其结果是贫困地区与贫困户都承接了一拨又一拨的产业，最终大多以失败告终。例如，云南 N 村近几年前前后后就发展了二十多项涉农产业，云南 N 村是省委某部挂点村，帮扶干部在不断的失败中寻找新的具有前景的产业。帮扶干部一边说扶贫要讲情怀，一边又说帮助贫困地区搞产业扶贫真的好难。看来，扶

① 贺海波：《贫困文化与精准扶贫的一种实践困境》，《社会科学》2018 年第 1 期。
② 胡宁生：《国家治理现代化：政府、市场和社会新型协同互动》，《南京社会科学》2014 年第 1 期。

贫产业不能靠情怀，因为非市场的操作最后都要受到市场的惩罚。那么，精准扶贫中，到底应该如何搞产业扶贫？国家与市场之间到底应该保持怎样的距离？这些真是应该搞清楚的事情，不然会继续花大量资源搞产业扶贫，但收获也继续甚微。

其实，精准扶贫中国家与市场的不正常关系正是当前我国整体上两者关系的缩放。当前我国市场不能在资源配置中起到决定性作用，造成市场秩序混乱，首先，政府干预是主要原因。经过四十多年的改革开放，我国不断从计划经济向市场经济转型，已经基本上形成了全国商品的统一市场。但是这个统一市场不断受到地方保护主义的冲击。地方政府对本地处于劣势的产业和企业保护，使其因保护而不能退出市场，造成了资源配置缺乏效率，不能实现资源最优配置。其次，市场垄断也是重要原因。在市场上处于垄断地位的企业采取操纵市场的行为，所有这些为获取垄断收益而做出的行为都会严重损害社会福利。现实中存在的这些垄断，也同政府反垄断不力相关，一些企业实际上享受了非国民待遇。① 可见，当前阶段在国家与市场的关系中，国家始终处于主动方，那么国家应该如何处理两者的关系呢？

在市场对资源配置起决定性作用的话语体系中，政府应该发挥怎样的作用，不同的经济学派有不同的理解。新古典经济学认为，政府在市场失灵的领域要发挥作用，包括克服贫富两极分化与环境污染之类的外部性问题；宏观经济学指出，市场决定资源配置基本上是解决微观经济的效益问题，政府则要解决宏观经济的总量均衡问题，解决高失业、高通货膨胀等宏观失控问题；制度经济学认为，政府的基本功能是保护有利于效

---

① 洪银兴：《关于市场决定资源配置和更好发挥政府作用的理论说明》，《经济理论与经济管理》2014 年第 10 期。

率的产权结构；信息经济学要求政府克服不完全信息和不完备市场方面的新的市场失灵，提供激励和协调机制。① 在西方国家现实的经济发展中，政府的作用是上述理论规定的综合。在我国社会主义市场经济中，肯定市场对资源配置的决定性作用，但不能放大到否定政府作用，甚至像新自由主义那样不要政府。事实上，在现代经济中，政府与市场不完全是相互替代的关系，"更为有益的是把政府当作构成经济体制的必要因素，它的作用在于有时可以替代其他制度因素，有时则是其他制度的补充。在政策制定的过程中，国家和市场的互补关系必须予以重视"。②

　　综上所述，政府和市场在经济活动中应该具有明确的边界。总体上是市场对资源配置起决定性作用，政府要更好地配置公共资源。具体表现为：市场决定不了的，如涉及国家安全和生态安全的由政府决定；市场失灵的，如公平分配、环境保护方面，需要政府干预；市场解决不了的，如涉及全国重大生产力布局、战略性资源开发和重大公共利益等项目由政府安排；市场调节下企业不愿意进入的，如公共性、公益性项目由政府安排。③ 政府和市场应在各自不同的领域发挥决定性作用，并依据不同的轨道行事。对于政府来说，它必须在公共事务治理和公共资源配置领域中发挥主导作用，必须依照凡法律写清楚要做的才去行动的轨道去行事。对于市场来说，它在资源配置领域起决定性作用，必须依照法无禁止则可为的轨道去行事。政府也会观照市场，给市场立法，保障市场有良好的秩序，在宏观

① 洪银兴：《关于市场决定资源配置和更好发挥政府作用的理论说明》，《经济理论与经济管理》2014 年第 10 期。
② 〔美〕杰拉尔德·迈耶、约瑟夫·斯蒂格利茨：《发展经济学前沿：未来展望》，本书翻译组译，北京：中国财政经济出版社，2003，第 25 页。
③ 洪银兴：《关于市场决定资源配置和更好发挥政府作用的理论说明》，《经济理论与经济管理》2014 年第 10 期。

上控制市场的供求平衡，避免市场失败。市场也会为政府生产一些由政府亲自来生产效率不高，而由市场来生产则会有效率的公共产品，也会给政府依法缴纳更多赋税。①

在社会主义市场经济体制下，政府的职责和作用主要是保持宏观经济稳定，加强和优化公共服务，保障公平竞争，加强市场监管，维护市场秩序，推动可持续发展，促进共同富裕，弥补市场失灵。所以，政府必须自觉地"大幅度减少对资源的直接配置"，"着力解决市场体系不完善、干预过多和监管不到位问题"。② 当市场失灵时，政府要发挥作用，但要尊重市场决定资源配置的方向，即资源流向高效率的地区、高效率的部门和高效率的企业。在我国社会主义市场经济的高效运行中产生的贫富分化正是市场失灵的表现，政府就应克服此种市场失灵，促进社会公平正义，以体现社会主义的优越性。但是政府在贯彻公平目标的作用时，也不要进入资源配置领域，而是进入收入分配领域，依法规范企业初次分配行为，更多地通过再分配和主导社会保障解决公平问题。即使要协调区域发展，政府也是在不改变资源在市场决定下的流向的前提下利用自己掌握的财政资源和公共资源按公平原则进行转移支付，或者进行重大基础设施建设，为吸引发达地区企业进入不发达地区创造外部条件。③

综上所述，在国家与市场的关系中，国家居于主导性地位，市场在资源配置中不能起到决定性作用，主要是因为国家的不

---

① 胡宁生：《国家治理现代化：政府、市场和社会新型协同互动》，《南京社会科学》2014 年第 1 期。

② 胡宁生：《国家治理现代化：政府、市场和社会新型协同互动》，《南京社会科学》2014 年第 1 期。

③ 洪银兴：《关于市场决定资源配置和更好发挥政府作用的理论说明》，《经济理论与经济管理》2014 年第 10 期。

恰当干预；国家与市场应保持适当的距离，国家要在宏观经济与公共资源配置中发挥重要作用，市场则在微观经济中发挥资源配置作用；国家与市场应该是相互补充关系，而不是相互替代或者相互竞争关系。从这些基本的认识出发来总结精准扶贫中国家与市场的关系，至少可以得出以下结论。

第一，在精准扶贫的产业扶贫中，代表国家行动的基层政府工作者居于主动性地位，他们必须面对两种情况：一种是必须在 2020 年完成贫困治理任务和承受官僚体制督导的巨大压力；另一种是贫困地区具有明显的市场选择的劣势，且贫困农户缺乏响应市场的基本能力。两种情况具有反向作用力，基层政府工作者不得不动用行政体制的强制性功能，进入产业扶贫的微观经济领域，具体决定扶贫产业的生产类别、经营方式及分配方式，从而忽视市场对资源配置的决定性作用。

第二，在精准扶贫的产业发展中，国家或者代表国家的基层政府及其工作者要遵守市场秩序，不能超越所应该拥有的权限，也不能自以为是在解决市场失灵问题，而直接介入企业的微观经营活动，这可能会扭曲市场对资源的配置机制，而且会造成政府在产业发展中失灵，造成扶贫产业中的官僚主义、寻租、行政垄断或者主观臆断。①

第三，在精准扶贫的产业扶贫中，国家应该减少体制压力对基层政府工作者的不正当作用，从而减少基层政府工作者利用非市场规则引诱或强迫贫困农户致富的现象，以引导精准扶贫的产业扶贫中国家与市场各归其位。国家在产业扶贫中不能直接进入微观经济领域，直接决定扶贫产业的资源配置，甚至担当扶贫产业发展中的运动员或担保员，而应该重视公共资源

---

① 洪银兴：《关于市场决定资源配置和更好发挥政府作用的理论说明》，《经济理论与经济管理》2014 年第 10 期。

的配置，加强贫困地区的基础设施建设，加强再分配资源向贫困人口的合理转移支付，从而吸引市场主动将资源配置到贫困地区，提高贫困人口响应市场的能力，增加贫困人口响应市场的机会。

（三）国家能够找到可以合作的社会力量吗

1. 城镇化进程中乡村社会组织之变

贫困地区基本上都在中西部农村地区，尤以西部山区为主。从调查来看，这些地区的村庄因自然环境封闭，与外界阻隔程度很深，与其他农村有较大的区别，但是随着基础设施的改善，与外界的沟通也越来越便捷，很多地区近几年出现大量村民外出务工的现象，融入乡村社会千年未有之大变局之中。

近代以来，中国走上现代化道路，以工业化与城市化为核心，不过，到 20 世纪 90 年代，中国农村仍然居住着 70% 的人口，城乡分割依然比较严重，农村传统社会结构仍然存在，农村社会秩序相对稳定。但是到了 2000 年之后，农村变化猛然加速了。绝大多数农村青壮年进城务工经商，家庭收入和生活场所都转移进城了。但是在仅仅依靠进城务工的收入难以支撑整个家庭在城市的体面生活时，农民选择了年轻子女进城务工经商，而年老父母留村务农的"以代际分工为基础的半工半耕"家计模式。当前大约 70% 的农民家庭选择了"半工半耕"的家计模式，家庭内部务工收入与务农收入相加，会大大增加家庭的总收入，而老年人和孩子留在农村生活成本较低，家庭每年都有经济结余，日子比较好过，生活水平不断提升。但是大量青壮年劳动力进城务工造成农村空心化，农村出现了大量留守老人和留守儿童，之前维系农民基本生产生活秩序的社会结构也发生了变化。[①]

青壮年农民进城，对于农民的家庭经济来说是利大于弊，对于国家现代化的发展也是利大于弊，但是对于村庄生产生活秩序则是弊大于利，在人财物大量净流出的村庄，在村民日益理性化、个体化的村庄，农村社会很难合作起来解决一些城镇化进程中农村的剩余问题：农民如何解决生产的基础条件问题，如何解决闲暇时间的意义问题，如何改善人际关系问题，如何维系和坚守主体意义、生活意义问题，如何解决家庭代际分离的情况下老人和小孩日常照料的问题，如何保护弱势群体为外出务工人员保持一个安全稳定的大后方的问题，如何有效率地用好自上而下转移支付资金的问题等。[②] 这些都需要农民能够组织合作起来。

但是当前，农民恰恰很难合作，甚至已有的可以合作的组织也正在不断被削弱。首先，农村民间组织的发育困难。在各种资源不断流出农村的历史条件下，农村民间组织的发育很困难，因为既缺乏组织者，也缺乏受众，还缺少利益的支撑。其次，行政性组织的不断退出。取消农业税后，很多地方合村并组，减少了村组干部数量，行政性组织在快速地退出农村基层。但是取消农业税后，农民仍然需要基本的公共品，离开村社组织，农民找不到更好的办法。近几年来，湖北秭归、广东清远等地，为了解决行政性组织退出农村造成组织真空给乡村治理带来的严重问题，创新基层治理机制，将自治单元下沉到村落，湖北秭归建构起"两长八员"的民间组织，极大地推动了村民间的合作治理。但是这种民间组织的第一推动力仍然是县乡村三级正式行政性组织。可见，行政性组织仍然是农村发挥治理

---

① 贺雪峰：《最后一公里村庄》，北京：中信出版集团，2017，导读：第6~7页。
② 贺雪峰：《组织起来》，济南：山东人民出版社，2009，第126~127页。

作用的核心组织。

　　全国的 14 个集中连片贫困地区多集中在山区，自然环境恶劣，物产稀少，加上交通不便，长期与外界隔离，现金收入较少，人们生活贫困。在云南、贵州等贫困地区调查时发现，很多地区是近三五年通村公路修通后，村民才开始大量外出务工，村庄里剩下的大多是老人和孩子。在这些贫困地区的农村社会，村民也很难组织起来，与其他地区农村社会相比，有相同点，也有不同点。相同点是行政性组织也一样在不断退出。在山区，合村并组后，一个村范围半径太大，边远地区的村民到村委会要走半天的山路，村干部很少能够到自然村中去处理问题，农村基本上处于没有核心治理主体的状态，上面提到的生产基础设施、农村闲暇、留守老人小孩的照料等问题，都缺乏强有力的行政组织管理。不同点是这些地区的传统社会结构，如亲属社会仍然继续发挥着相应的功能。这种亲属社会在日常生活互助、节庆、婚姻缔结和村庄内部团结等方面都具有较强的规范功能，也影响着村民对生活意义与生命意义的观念。但是亲属社会结构也仅限于村民日常生活小事的不规则性的互助，对于农田水利灌溉、生产机耕道修建、饮水工程、留守老人小孩照料等都显得无能为力。也就是说，传统社会结构可以解决一些传统的互助与人际交往问题，但对于现代化过程中产生的一些新问题无法解决，必须有新的社会组织来解决。因此，总体上看，在贫困地区，无论是民间组织还是正式的行政性组织，都无法将农民组织起来，无法让农民开展合作，以应对市场的风险和日常生活中的困难。

　　精准扶贫进入贫困地区，国家找不到可以依靠的组织力量，不得不强势介入。其最为突出的表现就是建立"单位包村、干部包户"的长期帮扶机制，并向贫困村下派"第一书记"与驻村帮扶工作队。这些措施是行政体系向乡村的延伸，是国家找不到社会组织合作的无奈之举，也是地方政府为了完成政治任务的习惯性"常规"举动。

2. 国家与乡村个体化主体间合作治理问题

没有现代性的社会组织发挥治理贫困的作用，国家不得不采取上述特殊的帮扶机制直接进入村庄。作为行政体系延伸的扶贫工作者就要与村庄中的农民个体对接，其中与扶贫关联度较高的主体包括贫困农民与村庄精英。但是国家在与这两类主体合作治理贫困时，也出现了困境，主要是贫困农民与村庄精英的特性无法满足合作的要求。

集中连片贫困地区大多在山区、少数民族地区，贫困农民具有一些无法合作的特点。首先，文化程度偏低。有些村庄的劳动力中有超过三分之一的是文盲或半文盲，这些人基本上都只能说少数民族语言，不识汉字。与外界语言不通，使他们无法参与全国劳动力市场竞争，获得外出务工收入，也无法与精准扶贫产业发展等政策顺利对接。其次，生存性偏好的生计模式。大多数山区村民采取一种生存性偏好的"双弱型半工半耕"生计模式，只求日子过得去就行，外出务工也是为了解决临时困局。但精准扶贫要组织贫困户外出务工，要帮助他们发展种植养殖业，要精准地帮扶他们脱贫致富。致富式的生计模式完全颠覆了他们长期持守的生存性偏好的生计模式，他们参与意愿很低。再次，地方性知识束缚。贫困地区的村庄是一种成员间基于空间或地理位置关系结成的地缘群体，并且这种群体往往具有先赋性，群体成员从出生就获得了群体资格。这种群体大多具有民族规范知识，或者地方性知识，包括社会习俗、民风、民德、乡规民约等在内的非正式规范。与一般农村社区相较，村寨社区的亲戚关系、人情出场与劳动互助等具有相当的地方规范性。独特的非正式规范，将村寨贫困文化的"持有者"编织进当地的文化结构之网，对村民产生了强劲的拉力。比如，每年农历三月三的祭祖是瑶族的重要节日，很多村民在过完春节后并不会急于出门务工，而是要等三月三祭完祖先，表达所有象征意义后再出门。最后，前现代价值观念的阻碍。价值观是指导人的思维与行动的起决定性作用的结构性力量。农民的价值观可以分为三个层面，即本体性价值、社会性价值、基础性价值。贫困地区农民的三层价值属于一种前现代的价值观，对于村民摆脱贫困产生了价值观层面的结构性阻力。在这些地区的贫困文化中祖先崇拜已转向男女均可传宗接代的现世宽容，越来越失去了宗教般的精神。这反映在村庄社会层面，村民就并不以获得财富为生活重点，而是更多地注重村寨内村民间的关系互动，通过做人来获得面子，最后投射在村民对于身体的思考就是，在既有条件下比较重视满足口腹之欲，过不辛苦的闲散而贫困的日子。因此，贫困村民对于想要他们致富奔小康的精准扶贫并没有什么兴趣，国家与贫困农民的合作常常陷入国家主动、贫困农民被动的合作困境。

一般而言，中西部地区农村经济相对欠发达，大量农村人口外流，甚至有的农民全家进城不再种地，将土地流转给依托土地获得收入的家庭，从而在农村形成了占农户总数 10% ~ 20% 的主要收入在农村、社会关系在农村、家庭结构完整、总收入不低于外出务工收入的家庭。这些"中坚农民"加上留守农村的老弱病残，形成了一种农村治理结构，从而为国家资源下乡和农村内生秩序的维系提供了可能。[1] 在贫困地区调查时，

① 贺雪峰：《最后一公里村庄》，北京：中信出版集团，2017，导读：第 9 页。

发现村庄内部存在比一般地区还要多一些的"中坚农民",他们有的是全家都在农村,有的是男人留在家里务农、照顾老人小孩,女人外出务工,这主要与山区特殊的地理环境有关,妇女在家无法翻山越岭完成家庭与外界的交往,如送老人看病、接送小孩上下学、进城购物等必需的活动,只好男人留守在家。

　　应该说,贫困地区的"中坚农民"与留守的青壮年农民都是村庄内部贫困治理的重要力量。但是在精准扶贫实践中,这些重要力量并没有发挥贫困治理的突出功能。这主要是因为在市场经济的发展与城镇化背景下,他们已经越来越个体化与理性化。有学者在一项调查中发现,精英农户可以直接通过关系运作成为建档立卡贫困户,在云贵川 60 个贫困村建档立卡中精英俘获率为 25%,占精准识别中瞄准失误的 74%。为防止精英俘获,就应该限制村干部任期,让村民有效参与贫困识别中,引入微观层次的第三方监督和完善村级治理。① 也有学者研究发现,精准扶贫的整个过程,从精准识别、精准帮扶到精准管理,都是在村庄权力结构的影响下进行的,受到体制内的村两委以及体制外的家族精英、经济精英、文化精英、普通群众的干扰,真正的贫困户受益较少,在一定程度上降低了精准扶贫的成效,使村庄内部分化更严重。② 当精准扶贫资源输入乡村时,村庄精英拼命地想要获得更多的利益,并没有想着如何承担帮助贫困户的责任。所以,很多贫困地区出现了大量的假合作社,这些合作社以精英带动贫困户的名义争取了大量的扶贫资源,享受了优惠的扶贫政策,但是大多以精英获利为结果,贫困户只是纸上的参与者,事实上毫无利益获得感。可见,国家想与村庄

---

① 胡联、汪三贵:《我国建档立卡面临精英俘获的挑战吗?》,《管理世界》2017年第1期。

② 禄素莹:《权力结构视角下的精准扶贫》,《四川行政学院学报》2017年第1期。

精英合作带动贫困农民致富，也与市场理性对农村社会的全面
渗透的事实不相符。

3. 国家与乡村社会的共治结构

党的十八届三中全会将国家治理体系和治理能力现代化确
立为全面深化改革的总目标，表明执政治国理念和方式的提升
与转变。国家治理现代化的实现路径旨在制度化，国家治理现
代化的目的是从国家治理走向社会治理，国家治理走向现代化
的过程也是国家职能的转变过程。[1] 国家治理现代化的核心就是
在社会成长与国家治理之间构建良性的和谐互动关系，通过体
制机制创新，使国家治理体系能够有效适应现代性公共问题的
治理要求。[2]

在马克思主义视野中，国家是经济基础的派生物，市民社
会构成了政治国家的基础，基础（市民社会）决定上层建筑
（国家和意识形态）。马克思主义理论认为，随着社会的不断发
展和日益成熟，国家干预社会逐步减少，国家复归于社会是人
类社会发展的最终趋势。[3] 国家体系与社会体系是两个相互关联
但又各自独立的体系。而现实的情况是国家与社会的关系一直
处在一个含混不清、界限不明的状态。如果不能正确地处理好
国家与社会的关系问题，国家治理现代化的宏伟蓝图就难以
实现。

在马克思的政治哲学中，国家与社会是对立统一的。"社会

---

① 张磊：《国家治理现代化的马克思主义理论渊源》，《辽宁大学学报》（哲学社
会科学版）2016 年第 5 期。

② 张雪梅：《马克思"国家－社会"关系理论及其对我国国家治理现代化的启
示》，《理论导刊》2016 年第 9 期。

③ 秦鼎：《厘清界限：妥善解决一切关系问题的基本途径——以国家治理过程中
厘清国家与社会关系的界限为例》，《理论与改革》2015 年第 6 期。

决定国家"原则在唯物史观上确立了国家与社会二分的原则，明确了国家与社会分属于两个不同的领域：国家是普遍性领域，社会是特殊性领域；国家是自主性领域，社会是自在性领域；国家是政治领域，社会是经济领域。从而科学阐明了国家与社会对立统一的辩证关系。国家作为从社会分化出来的管理机构，其本质是阶级统治的工具。虽然当国家对社会公共事务进行管理时，代表的不是某个阶级而是整个社会，但是国家"应当缓和冲突，把冲突保持在'秩序'的范围之内"，这反映了统治阶级的利益和偏好。国家与社会对立统一的二元化，实际上已经预示着"社会把国家政权重新收回"的历史性方向。但是如何"使政治国家返回实在世界"，马克思认为，"在真正的民主制中政治国家就消失了"。随着社会中最广大的人民群众参加国家政治管理，国家将不再是一个"虚幻的共同体形式"，而是全社会普遍利益的真正代表。马克思强调，随着国家重新回归社会，国家的政治权力将失去存在的意义，"那时，对人的统治将由对物的管理和对生产过程的领导所代替"。① 马克思的"国家－社会"关系理论有助于正确认识我国现阶段国家与社会关系，理解国家与社会的互动逻辑，推进国家治理体系和治理能力现代化。

自新中国成立以来，我国"国家－社会"关系经历了三个阶段两次转型。在人民公社时期，国家与社会是高度同构的一体性结构；改革开放以后，国家与社会是有限分离的二元结构；进入21世纪以后，国家与社会是相互建构的有机互动的治理结构。国家与社会关系的嬗变折射出社会普遍利益与特殊利益的变动和治国模式的转换。新中国成立初期，通过社会主义改造，

---

① 张雪梅：《马克思"国家－社会"关系理论及其对我国国家治理现代化的启示》，《理论导刊》2016年第9期。

迅速在全国范围内建立起了高度集中的计划经济体制和政治文化体制，逐步建立起了国家统领社会的关系模式，实现了国家政治权力和社会结构的高度统一。在全能型的模式结构中，国家实现了对社会的有效统治，社会对国家权力也呈现高度依附的状态，但是限制了现代社会的发育和成长，也限制了现代国家的逐步发展。改革开放以后，随着改革和社会主义市场经济的深入发展，公民权利意识和政治参与意识不断提高，国家制定了一些制度规则和政策措施（包括国家选举制度的改进和基层民主制度），为社会大众直接或间接参与政治过程提供了多种渠道和方式，社会逐步摆脱过度依赖国家的状态，向自主发展、自主管理、自主监督过渡。国家的治理主体逐渐由一元向多元转变。进入 21 世纪以来，私营部门、公民个人和各种社会组织，通过一些制度化的方式向政府部门提供意见咨询，使得我国的国家治理方式由集权化向民主化转变，治理理念由统治、管理向治理现代化转变。但国家与社会的关系仍然处于失衡状态，我国现有的制度体系与现代化的国家治理体系之间还存在脱节现象：随着公共事务复杂性程度的提高和社会多元化的发展，权威回应型政治机制失灵的现象有所显现；国家权力在许多领域是自我约束，还没有转换成制度约束；社会组织发育不完善，相当一部分社会组织的能力不足以承担独立运营和有序表达的功能，使得社会对政治的影响还相当有限。[①] 不过，当前国家通过制度安排与治理策略调整，增强国家治理的有效性与合法性，并为社会力量发展释放出较大空间；社会通过寻求和争取更大的机会得以发展。在走向社会治理的进程中，根本保障在于制度化与法治建设，影响社会治理发展轨迹与进程的力

---

① 张雪梅：《马克思"国家－社会"关系理论及其对我国国家治理现代化的启示》，《理论导刊》2016 年第 9 期。

量主要来自国家与社会的良性互动，而良好的社会基础则形构了社会治理的动力机制与内生逻辑。[①]

上述理论与现实均表明，国家与社会在治理中的合作呈现一种流变的结构。国家最终会消亡，会将权力退还给社会，但是这要取决于社会发展的程度与阶段，在社会还没有能力自我管理到不需要国家的干预时，国家就要不断地介入社会的发展之中，承担公共事务的治理责任。当前的精准扶贫主要集中于贫困地区，这些地区的社会整体上相当虚弱，传统的社会组织结构还存在并具有较强的团结功能，但是基本上不能解决现代社会所产生的问题，而现代社会组织发育又相当困难。在理论与现实的碰撞中，对精准扶贫中国家与社会的关系有如下认识。

第一，国家与社会的关系并不是固定不变的。从马克思主义视角来看，国家要不断将权力还给社会。在西方现代社会发展中，市场社会具有重要作用，是与政治国家相对应而产生的，并对政治国家的权力产生制约的民间社会组织。于是我国有很多学者从西方理论出发，认为要建设法治国家，要实现国家治理现代化，就要不断培育民间社会组织，使其起到关键性的基础作用，建构起新的国家与社会关系。

第二，在广大中西部农村，人财物大量外流，村庄资源稀薄，新型社会组织缺乏发育成长的空间，更为重要的是，取消农业税之后，很多地方都在搞合村并组，不断弱化国家延伸至乡村的神经末梢，乡村基本上陷入了无治理的"自由王国"，一些灰黑势力与邪教组织乘虚而入，掘取了大量经济与意识形态上的利益，对于乡村治理有害无益。在贫困地区，因融入现代社会要晚一些，村庄中还残存亲属社会等传统社会组织，但

---

① 郁建兴、关爽：《从社会管控到社会治理——当代中国国家与社会关系的新进展》，《探索与争鸣》2014年第12期。

是这些传统社会组织只能解决传统的社会问题，对于新的现代问题，如留守老人小孩的照料、贫困治理、水利灌溉等都显得力不从心。

第三，在精准扶贫中，帮扶干部与贫困户实现对接，引导他们致富，在某种意义上是国家权力向乡村的扩张，但这种扩张是为了解决现实的问题，并不以控制乡村社会为目的，因此，国家介入乡村社会具有一定程度的合理性。不过，更为重要的是，国家要在精准扶贫中加强乡村基层行政组织的建设，使其成为乡村治理的核心力量，并引导建立如老年协会、儿童关爱协会等现代服务性组织，以解决现代社会发展带来的重要问题。只有如此，才是真正抓住了国家与社会关系在乡村治理中的阶段性重点，才能不断推动国家治理向现代化迈进。

参考文献

〔美〕爱德华·W. 苏贾：《后现代地理学——重申批判社会理论中的空间》，王文斌译，北京：商务印书馆，2004。

〔英〕安东尼·吉登斯：《现代性的后果》，田禾译，南京：译林出版社，2011。

柏振忠、李亮：《武陵山片区农民合作社助力精准扶贫研究——以恩施土家族苗族自治州为例》，《中南民族大学学报》（人文社会科学版）2017 年第 5 期。

包亚明主编《后现代性与地理学的政治》，上海：上海教育出版社，2001。

〔美〕彼得·埃文斯、迪特里希·鲁施迈耶、西达·斯考克波编《找回国家》，方力维等译，上海：生活·读书·新知三联书店，2009。

曹东勃：《现代性变迁与村庄传统结构的重塑——鲁中 D 庄调查》，《华南农业大学学报》（社会科学版）2012 年第 1 期。

陈成文、李春根：《论精准扶贫政策与农村贫困人口需求的契合度》，《山东社会科学》2017 年第 3 期。

陈冲：《收入不确定性的度量及其对农村居民消费行为的影响研究》，《经济科学》2014 年第 3 期。

陈浩天：《精准扶贫政策清单治理的价值之维与执行逻辑》，《河南师范大学学报》（哲学社会科学版）2017 年第 2 期。

陈全功、程蹊:《空间贫困理论视野下的民族地区扶贫问题》,
　　《中南民族大学学报》(人文社会科学版) 2011 年第 1 期。

程贵铭编著《农村社会学》,北京:知识产权出版社,2006。

程蹊:《民族地区集中贫困与产业结构关系探讨》,《中南民族
　　大学学报》(人文社会科学版) 2012 年第 2 期。

古川、曾福生:《产业扶贫中利益联结机制的构建——以湖南省
　　宜章县的"四跟四走"经验为例》,《农村经济》2017 年第
　　8 期。

〔美〕大卫·哈维:《希望的空间》,胡大平译,南京:南京大
　　学出版社,2006。

〔美〕大卫·哈维:《自然、正义和差异地理学》,胡大平译,上
　　海:上海人民出版社,2010。

戴庆中、李德建:《文化视域下的民族地区反贫困策略研究》,
　　《贵州社会科学》2011 年第 12 期。

戴庆中:《文化视野中的贫困与发展:贫困地区发展的非经济因
　　素研究》,贵阳:贵州人民出版社,2001。

〔美〕戴维·哈维:《后现代的状况——对文化变迁之缘起的探
　　究》,阎嘉译,北京:商务印书馆,2004。

邓远萍、王刚:《自马克思国家理论的话语权论析》,《中共天
　　津市委党校学报》2015 年第 5 期。

狄金华:《空间的政治"突围"——社会理论视角下的空间研
　　究》,《学习与实践》2013 年第 1 期。

狄金华:《通过运动进行治理:乡镇基层政权的治理策略对中国
　　中部地区麦乡"植树造林"中心工作的个案研究》,《社
　　会》2010 年第 3 期。

狄金华:《中国农村田野研究单位的选择——兼论中国农村研究
　　的分析范式》,《中国农村观察》2009 年第 6 期。

段忠桥：《当前中国的贫富差距为什么是不正义的？——基于马克思〈哥达纲领批判〉的相关论述》，《中国人民大学学报》2013年第1期。

方清云：《贫困文化理论对文化扶贫的启示及对策建议》，《广西民族研究》2012年第4期。

费孝通：《从实求知录》，北京：北京大学出版社，1998。

费孝通：《江村经济》，上海：上海世纪出版集团，2007。

费孝通：《六上瑶山》，北京：群言出版社，2015。

冯朝睿：《多中心协同反贫困治理体系研究——以滇西北边境山区为例》，《西北人口》2016年第4期。

冯建辉：《哈维的"时空压缩"理论浅析》，《唯实》2010年第7期。

冯雷：《当代空间批判理论的四个主题——对后现代空间论的批判性重构》，《中国社会科学》2008年第3期。

冯林、关培兰：《科学定位越轨是国家治理的前提》，《法制与社会》2014年第34期。

傅熠华：《国家治理视阈下的精准扶贫》，《学习与实践》2017年第10期。

高飞、向德平：《社会治理视角下精准扶贫的政策启示》，《南京农业大学学报》（社会科学版）2017年第4期。

高德胜：《空间向度的历史审视与当代资本主义的空间政治》，《社会科学战线》2014年第5期。

高帅：《社会地位、收入与多维贫困的动态演变——基于能力剥夺视角的分析》，《上海财经大学学报》2015年第3期。

高新民：《国家治理体系现代化与党的群众路线》，《新视野》2014年第3期。

耿羽、郗永勤：《精准扶贫与乡贤治理的互塑机制——以湖南L

村为例》,《中国行政管理》2017 年第 4 期。

桂华、贺雪峰:《再论中国农村区域差异——一个农村研究的中层理论建构》,《开放时代》2013 年第 4 期。

郭庆松:《时空压缩下的我国人力资本积累》,《上海市经济管理干部学院学报》2009 年第 4 期。

郭小聪、宁超:《模糊治理与策略性回应:社区治理主动性的一种解释》,《国家行政学院学报》2017 年第 3 期。

郭星华:《社会结构与社会发展》,北京:党建读物出版社,2001。

何芳编著《城市土地经济与利用》,上海:同济大学出版社,2004。

何俊志、杨季星:《社会中心论、国家中心论与制度中心论——当代西方政治科学的视角转换》,《天津社会科学》2003 年第 2 期。

何炜、刘俊生:《多元协同精准扶贫:理论分析、现实比照与路径探寻——一种社会资本理论分析视角》,《西南民族大学学报》(人文社会科学版)2017 年第 6 期。

何兴华:《空间秩序中的利益格局和权力结构》,《城市规划》2003 年第 10 期。

贺海波:《贫困文化与精准扶贫的一种实践困境》,《社会科学》2018 年第 1 期。

贺海波:《主体间性:社会管理持续变迁的一种分析框架》,《学习与实践》2013 年第 2 期。

贺雪峰:《村治模式:若干案例研究》,济南:山东人民出版社,2009。

贺雪峰:《论中国村庄结构的东部与中西部差异》,《学术月刊》2017 年第 6 期。

贺雪峰:《论中国农村的区域差异——村庄社会结构的视角》,《开放时代》2012 年第 10 期。

贺雪峰：《论中国式城市化与现代化道路》，《中国农村观察》2014 年第 1 期。

贺雪峰：《乡村社会关键词》，济南：山东人民出版社，2010。

贺雪峰：《治村》，北京：北京大学出版社，2017。

贺雪峰：《中国农村反贫困问题研究：类型、误区及对策》，《社会科学》2017 年第 4 期。

贺雪峰主编《华中村治研究：立场·观点·方法（2016 年卷）》，社会科学文献出版社，2016。

贺雪峰：《组织起来》，济南：山东人民出版社，2009。

贺雪峰：《最后一公里村庄》，北京：中信出版集团，2017。

〔法〕亨利·列斐伏尔：《空间与政治》，李春译，上海：上海人民出版社，2015。

洪银兴：《关于市场决定资源配置和更好发挥政府作用的理论说明》，《经济理论与经济管理》2014 年第 10 期。

侯钧生主编《西方社会学理论教程》，天津：南开大学出版社，2006。

胡联、汪三贵：《我国建档立卡面临精英俘获的挑战吗?》，《管理世界》2017 年第 1 期。

胡宁生：《国家治理现代化：政府、市场和社会新型协同互动》，《南京社会科学》2014 年第 1 期。

胡潇：《空间的社会逻辑——关于马克思恩格斯空间理论的思考》，《中国社会科学》2013 年第 1 期。

胡永保、杨弘：《国家治理现代化进程中的政府治理转型析论》，《理论月刊》2015 年第 12 期。

胡玉兰：《解决农民的贫困文化与低社会化问题》，《求实》2008 年第 8 期。

胡振光、向德平：《参与式治理视角下产业扶贫的发展瓶颈及完善路径》，《学习与实践》2014年第4期。

黄宝玖：《国家能力研究述评》，《三明学院学报》2006年第1期。

黄承伟、覃志敏：《我国农村贫困治理体系演进与精准扶贫》，《开发研究》2015年第2期。

黄承伟、周晶、程水林：《农村贫困治理中民间组织的发展及制约因素分析——以秦巴山片区4家草根民间组织的调查为例》，《农村经济》2015年第10期。

黄承伟、邹英、刘杰：《产业精准扶贫：实践困境和深化路径——兼论产业精准扶贫的印江经验》，《贵州社会科学》2017年第9期。

黄耿志、薛德升：《1990年以来广州市摊贩空间政治的规训机制》，《地理学报》2011年第8期。

黄科：《运动式治理：基于国内研究文献的述评》，《学术论坛》2013年第10期。

黄文宇：《产业扶贫项目主体行为及其运行机制的优化——基于P县"万亩有机茶园"项目的考察》，《湖南农业大学学报》（社会科学版）2017年第1期。

黄晓星、郑姝莉：《作为道德秩序的空间秩序——资本、信仰与村治交融的村落规划故事》，《社会学研究》2015年第1期。

黄一映：《国家整合理论新发展：三种方法论视域的进路分析》，《华中科技大学学报》2014年第5期。

〔美〕吉尔兹：《地方性知识：阐释人类学论文集》，王海龙、张家瑄译，北京：中央编译出版社，2004。

季飞、杨康：《大数据驱动下的反贫困治理模式创新研究》，《中国行政管理》2017年第5期。

〔美〕杰拉尔德·迈耶、约瑟夫·斯蒂格利茨：《发展经济学前沿：未来展望》，本书翻译组译，北京：中国财政经济出版社，2003。

〔英〕杰西·洛佩兹、约翰·斯科特：《社会结构》，允春喜译，吉林：吉林人民出版社，2007。

景枫：《国家治理能力现代化的伦理内涵》，《领导之友》2016年第 5 期。

景天魁：《时空压缩与中国社会建设》，《兰州大学学报》（社会科学版）2015 年第 5 期。

〔英〕科斯、王宁：《变革中国：市场经济的中国之路》，徐尧、李哲民译，北京：中信出版社，2013。

雷望红：《论精准扶贫政策的不精准执行》，《西北农林科技大学学报》（社会科学版）2017 年第 1 期。

李爱国：《基于市场效率与社会效益均衡的精准扶贫模式优化研究》，《贵州社会科学》2017 年第 9 期。

李斌：《政治动员及其历史嬗变：权力技术的视角》，《南京社会科学》2009 年第 11 期。

李博：《村庄合并、精准扶贫及其目标靶向的精准度研究——以秦巴山区为例》，《华中农业大学学报》（社会科学版）2017年第 5 期。

李博、左停：《精准扶贫视角下农村产业化扶贫政策执行逻辑的探讨——以 Y 村大棚蔬菜产业扶贫为例》，《西南大学学报》（社会科学版）2016 年第 4 期。

李钒主编《区域经济学》，天津：天津大学出版社，2013，第84 页。

李海鹏、梅傲寒：《民族地区贫困问题的特殊性与特殊类型贫困研究》，《中南民族大学学报》（人文社会科学版）2016 年第 3 期。

李辉：《"运动式治理"缘何长期存在？——一个本源性分析》，

《行政论坛》2017 年第 5 期。

李慧：《〈中国扶贫开发报告 2016〉 发布》，《光明日报》2016 年 12 月 28 日，第 9 版。

李德建：《文化策略：民族地区反贫困的路径选择研究》，《黑龙江民族丛刊》（双月刊）2014 年第 6 期。

李鹏：《共享发展视野的精准脱贫路径选择》，《重庆社会科学》2017 年第 2 期。

李强：《试论贫困文化》，《理论纵横》，石家庄：河北人民出版社，1998。

李如春、陈绍军：《农民合作社在精准扶贫中的作用机制研究》，《河海大学学报》（哲学社会科学版）2017 年第 2 期。

李秀芬、姜安印：《亲贫式增长刍议：论少数民族地区的扶贫政策取向》，《中国人口、资源与环境》2017 年第 1 期。

李严昌：《基层治理精准化：意义、内容与路径——以重庆市沙坪坝区联芳街道为例》，《重庆理工大学学报》（社会科学版）2017 年第 5 期。

李大宇、章昌平、许鹿：《精准治理：中国场景下的政府治理范式转换》，《公共管理学报》2017 年第 1 期。

李昭楠、刘七军、刘自强：《民族地区慢性贫困现状及治理路径探讨——以宁夏为例》，《甘肃社会科学》2015 年第 1 期。

林俐：《供给侧结构性改革背景下精准扶贫机制创新研究》，《经济体制改革》2016 年第 5 期。

刘华军：《文化转型与少数民族脱贫——以贵州少数民族为例》，《西南民族大学学报》（人文社会科学版）2016 年第 8 期。

刘军宁等编《自由与社群》，北京：生活·读书·新知三联书店，1998。

刘俊生、何炜：《从参与式扶贫到协同式扶贫：中国扶贫的演进逻辑——兼论协同式精准扶贫的实现机制》，《西南民族大学学报》（人文社会科学版）2017 年第 12 期。

刘俊文：《农民专业合作社对贫困农户收入及其稳定性的影响——以山东、贵州两省为例》，《中国农村观察》2017 年第 2 期。

刘七军、李金锜：《精准扶贫视阈下民族地区支出型贫困家庭社会救助路径探析》，《甘肃行政学院学报》2017 年第 5 期。

刘涛、闫彩霞：《国家治理转型的理论内涵与实践探索》，《内蒙古社会科学》（汉文版）2015 年第 4 期。

刘小珉：《多维贫困视角下的民族地区精准扶贫——基于 CHES 2011 数据的分析》，《民族研究》2017 年第 1 期。

刘义圣、许彩玲：《习近平反贫困思想及对发展中国家的理论借鉴》，《东南学术》2016 年第 2 期。

刘毅：《家国传统与治理转型》，《中共中央党校学报》2017 年第 1 期。

刘兆鑫：《城镇化的空间政治学——基于河南农民进城意愿的调查》，《中共天津市委党校学报》2016 年第 5 期。

刘智峰：《论当代国家治理转型的五大趋势》，《北京行政学院学报》2014 年第 4 期。

陆汉文：《我国扶贫形势的结构性变化与治理体系创新》，《中共党史研究》2015 年第 12 期。

禄素莹：《权力结构视角下的精准扶贫》，《四川行政学院学报》2017 年第 1 期。

吕方、程枫、梅琳：《县域贫困治理的"精准度"困境及其反思》，《河海大学学报》（哲学社会科学版）2017 年第 2 期。

吕方：《精准扶贫与国家减贫治理体系现代化》，《中国农业大学学报》（社会科学版）2017 年第 5 期。

吕方、梅琳：《"复杂政策"与国家治理——基于国家连片开发扶贫项目的讨论》，《社会学研究》2017 年第 3 期。

吕玉霞、刘明兴、徐志刚：《中国县乡政府的压力型体制：一个实证分析框架》，《南京农业大学学报》（社会科学版）2016 年第 3 期。

麻国庆：《家与中国社会结构》，北京：文物出版社，1999。

〔美〕马克·赫特尔：《变动中的家庭——跨文化的透视》，宋践等编译，杭州：浙江人民出版社，1988。

《马克思恩格斯全集》第 25 卷，北京：人民出版社，1974。

〔德〕马克斯·韦伯：《经济与社会》（上卷），林荣远译，北京：商务印书馆，1997。

〔德〕马克斯·韦伯：《新教伦理与资本主义精神》，马奇炎、陈婧译，北京：北京大学出版社，2012。

〔美〕玛格丽特·米德：《文化与承诺：一项有关代沟问题的研究》，周晓虹、周怡译，石家庄：河北人民出版社，1987。

〔法〕H. 孟德拉斯：《农民的终结》，李培林译，北京：中国社会科学出版社，1991。

莫光辉、陈正文、王友俊：《新发展理念视域下的精准扶贫》，《中国发展观察》2016 年第 7 期。

莫光辉：《精准扶贫：中国扶贫开发模式的内生变革与治理突破》，《中国特色社会主义研究》2016 年第 2 期。

欧树军：《监控与治理：国家认证能力辩证》，《中国图书评论》2013 年第 11 期。

欧树军：《权利的另一个成本：国家认证及其西方经验》，《法学家》2012 年第 4 期。

〔美〕T. 帕森斯：《现代社会的结构与过程》，梁向阳译，北京：光明日报出版社，1988。

朴婷姬、李筱竹、郭洁、李瑛：《反贫困：推进民族地区基本公
　共服务均等化的思考——以武陵山片区为例》，《贵州民族
　研究》2016年第11期。

钱振明：《公共治理转型的全球分析》，《江苏行政学院学报》
　2009年第1期。

〔美〕乔尔·S.米格代尔：《强社会与弱国家：第三世界的国家
　社会关系及国家能力》，张长东等译，南京：江苏人民出版
　社，2012。

〔美〕乔尔·S.米格代尔：《社会中的国家》，李杨等译，南京：
　江苏人民出版社，2013。

秦鼎：《厘清界限：妥善解决一切关系问题的基本途径——以国
　家治理过程中厘清国家与社会关系的界限为例》，《理论与
　改革》2015年第6期。

青觉、王伟：《民族地区精准扶贫的文化分析》，《西南民族大
　学学报》（人文社会科学版）2017年第4期。

邱建生、方伟：《乡村主体性视角下的精准扶贫问题研究》，《天
　府新论》2016年第4期。

闰彩霞、刘涛：《国家治理转型中非制度化政治参与困境及超
　越》，《甘肃社会科学》2015年第2期。

邵志忠：《从人力资源因素看红水河流域少数民族地区的贫困——
　红水河流域少数民族地区贫困原因研究之三》，《广西民族
　研究》2011年第2期。

沈茂英：《四川藏区精准扶贫面临的多维约束与化解策略》，《农
　村经济》2015年第6期。

沈学君：《西方社会科学研究中的新领域：空间政治》，《福建
　论坛》（人文社会科学版）2013年第10期。

沈娅莉：《少数民族地区贫困循环的成因及对策研究——以云南

为例》，《云南财经大学学报》2012年第4期。

石方：《中国人口迁移史稿》，哈尔滨：黑龙江人民出版社，1990。

史传林：《新农村建设中的农民现代性成长困境与选择》，《中国特色社会主义研究》2006年第6期。

覃志敏、岑家峰：《精准扶贫视域下干部驻村帮扶的减贫逻辑——以桂南s村的驻村帮扶实践为例》，《贵州社会科学》2017年第1期。

覃志敏：《连片特困地区农村贫困治理转型：内源性扶贫——以滇西北波多罗村为例》，《中国农业大学学报》（社会科学版）2015年第6期。

覃志敏：《民间组织参与我国贫困治理的角色及行动策略》，《中国农业大学学报》（社会科学版）2016年第5期。

檀学文：《完善现行精准扶贫体制机制研究》，《中国农业大学学报》（社会科学版）2017年第5期。

陶建武：《国家能力与治理发展：分析框架的构建与中国经验的例证分析》，《理论探讨》2016年第2期。

田先红：《家计模式、贫困性质与精准扶贫政策创新——来自西南少数民族地区S乡的扶贫开发经验》，《求索》2018年第1期。

田雄、王伯承：《单边委托与模糊治理：基于乡村社会的混合关系研究》，《南京农业大学学报》（社会科学版）2016年第2期。

童星、严新明：《论马克思的社会时空观与精准扶贫》，《中州学刊》2017年第4期。

〔美〕托马斯·弗里德曼：《世界是平的》，何帆等译，长沙：湖南科学技术出版社，2006。

万江红、孙枭雄：《权威缺失：精准扶贫实践困境的一个社会学

解释——基于我国中部地区花村的调查》,《华中农业大学
学报》(社会科学版) 2017 年第 2 期。

万良杰:《供给侧结构性改革视阈下的民族地区"精准扶贫"》,
《中南民族大学学报》(人文社会科学版) 2016 年第 1 期。

汪三贵、郭子豪:《论中国的精准扶贫》,《贵州社会科学》2015
年第 5 期。

汪行福:《空间哲学与空间政治——福柯异托邦理论的阐释与批
判》,《天津社会科学》2009 年第 3 期。

王春光、孙兆霞、毛刚强等:《扶贫开发与社会建设同构——武
陵山区扶贫开发与社会建设调研项目的发现与思考》,《贵
州社会科学》2013 年第 10 期。

王春萍、郑烨:《21 世纪以来中国产业扶贫研究脉络与主题谱
系》,《中国人口·资源与环境》2017 年第 6 期。

王建民:《扶贫开发与少数民族文化——以少数民族主体性讨论
为核心》,《民族研究》2012 年第 3 期。

王康:《中国农村社会学研究的一部力作——评〈文化贫困与
贫困文化〉》,《福建论坛》(经济社会版) 2003 年第 8 期。

王来喜:《西部民族地区"富饶的贫困"之经济学解说》,《社
会科学战线》2007 年第 5 期。

王勤:《加强现代社会发展中的非理性问题研究》,《哲学动态》
1999 年第 2 期。

王绍光:《国家治理与基础性国家能力》,《华中科技大学学报》
2014 年第 3 期。

王世杰、张殿发:《贵州反贫困系统工程》,贵阳:贵州人民出
版社,2003。

王曙光:《问道乡野》,北京:北京大学出版社,2014。

王水雄:《"为市场"的权利安排 VS. "去市场化"的社会保

护——也谈诺思和波兰尼之"争"》,《社会学研究》2015
年第 2 期。

王晓东、王秀峰:《贵州省民族地区的贫困问题及其反贫困策略》,《广东农业科学》2012 年第 14 期。

王晓毅:《反思的发展与少数民族地区反贫困——基于滇西北和贵州的案例研究》,《中国农业大学学报》(社会科学版)2015 年第 4 期。

王晓毅、黄承伟:《深化精准扶贫,完善贫困治理机制》,《南京农业大学学报》(社会科学版)2017 年第 4 期。

王亚华、舒全峰:《第一书记扶贫与农村领导力供给》,《国家行政学院学报》2017 年第 1 期。

王宇、李博、左停:《精准扶贫的理论导向与实践逻辑——基于精细社会理论的视角》,《贵州社会科学》2016 年第 5 期。

王雨磊:《技术何以失准?——国家精准扶贫与基层施政伦理》,《政治学研究》2017 年第 5 期。

王兆萍:《解读贫困文化的本质特征》,《中州学刊》2004 年第 6 期。

〔美〕威廉·费尔丁·奥格本:《社会变迁——关于文化和先天的本质》,王晓毅、陈育国译,杭州:浙江人民出版社,1989。

卫小将:《精准扶贫中群众的主体性塑造——基于赋权理论视角》,《中国特色社会主义研究》2017 年第 5 期。

魏治勋、李安国:《当代中国的政府治理转型及其进路》,《行政论坛》2015 年第 5 期。

文军、黄锐:《"空间"的思想谱系与理想图景:一种开放性实践空间的建构》,《社会学研究》2012 年第 2 期。

翁士洪:《全球治理中的国家治理转型》,《南京社会科学》2015 年第 4 期。

吴理财：《论贫困文化》（上），《社会》2001 年第 8 期。

武定县志编纂委员会编《武定县志》，天津：天津人民出版社，1990。

夏柱智：《论"半工半耕"的社会学意涵》，《人文杂志》2014年第 7 期。

向家宇：《贫困治理中的农民组织化问题研究——以 S 省三个贫困村的农民组织化实践为例》，博士学位论文，华中师范大学，2014。

向玲凛、邓翔、瞿小松：《西南少数民族地区贫困的时空演化——基于 110 个少数民族贫困县的实证分析》，《西南民族大学学报》（人文社会科学版）2013 年第 2 期。

谢立中：《迈向对当代中国市场化转型过程的全球化分析——一个初步论纲》，《求实》2016 年第 2 期。

谢小芹：《"接点治理"：贫困研究中的一个新视野——基于广西圆村"第一书记"扶贫制度的基层实践》，《公共管理学报》2016 年第 3 期。

谢小芹：《"双轨治理"："第一书记"扶贫制度的一种分析框架——基于广西圆村的田野调查》，《南京农业大学学报》（社会科学版）2017 年第 3 期。

邢成举：《产业扶贫与扶贫"产业化"——基于广西产业扶贫的案例研究》，《西南大学学报》（社会科学版）2017 年第 5 期。

邢成举、葛志军：《集中连片扶贫开发：宏观状况、理论基础与现实选择——基于中国农村贫困监测及相关成果的分析与思考》，《贵州社会科学》2013 年第 5 期。

邢成举：《压力型体制下的"扶贫军令状"与贫困治理中的政府失灵》，《南京农业大学学报》（社会科学版）2016 年第

5 期。

邢成举、赵晓峰：《论中国农村贫困的转型及其对精准扶贫的挑战》，《学习与实践》2016 年第 7 期。

徐勇：《国家整合与社会主义新农村建设》，《社会主义研究》2006 年第 1 期。

许汉泽、李小云：《精准扶贫背景下农村产业扶贫的实践困境——对华北李村产业扶贫项目的考察》，《西北农林科技大学学报》（社会科学版）2017 年第 1 期。

许文文：《整体性扶贫：中国农村开发扶贫运行机制研究》，《农业经济问题》2017 年第 5 期。

许耀桐、刘祺：《当代中国国家治理体系分析》，《理论探索》2014 年第 1 期。

薛澜、张帆、武沐瑶：《国家治理体系与治理能力研究：回顾与前瞻》，《公共管理学报》2015 年第 3 期。

荀丽丽：《从"资源传递"到"在地治理"——精准扶贫与乡村重建》，《文化纵横》2017 年第 6 期。

杨华：《中国农村的"半工半耕"结构》，《农业经济问题》2015 年第 9 期。

杨小柳：《国家、地方市场与贫困地区的变迁——广西凌云县背陇瑶的个案研究》，《中国农业大学学报》（社会科学版）2012 年第 3 期。

杨秀丽、徐百川：《精准扶贫政策实施中村民自治能力提升研究》，《南京农业大学学报》（社会科学版）2017 年第 4 期。

杨轶华：《非政府组织参与农村教育贫困治理研究》，《社会科学辑刊》2017 年第 1 期。

杨云：《人力资本视野下西部民族地区反贫困的路径选择》，《思想战绩》2007 年第 4 期。

杨振强：《精准扶贫视域下西部贫困地区农业产业发展模式研究》，《学术论坛》2017 年第 3 期。

叶本乾：《路径—制度—能力：现代国家建构维度和建构有限国家研究》，《中共四川省委省级机关党校学报》2014 年第 2 期。

叶敏：《从政治运动到运动式治理——改革前后的动员政治及其理论解读》，《华中科技大学学报》（社会科学版）2013 年第 2 期。

殷浩栋、汪三贵、郭子豪：《精准扶贫与基层治理理性——对于 A 省 D 县扶贫项目库建设的解构》，《社会学研究》2017 年第 6 期。

殷焕举、胡海：《新中国成立以来国家整合农民模式的演变与重建》，《科学社会主义》2010 年第 1 期。

尹才祥：《大卫·哈维空间政治思想的四重维度》，《山西师范大学学报》（社会科学版）2014 年第 1 期。

尹怀斌：《社会主义意识形态与核心价值》，《思想理论教育》2008 年第 21 期。

〔美〕英格尔斯：《人的现代化》，殷陆君编译，成都：四川人民出版社，1985。

应松年：《加快法治建设促进国家治理体系和治理能力现代化》，《中国法学》2014 年第 6 期。

宇红：《论韦伯科层制理论及其在当代管理实践中的运用》，《社会科学辑刊》2005 年第 3 期。

郁建兴、关爽：《从社会管控到社会治理——当代中国国家与社会关系的新进展》，《探索与争鸣》2014 年第 12 期。

张春美、黄红娣、曾一：《乡村旅游精准扶贫运行机制、现实困境与破解路径》，《农林经济管理学报》2016 年第 6 期。

张鸿雁：《"社会精准治理"模式的现代性建构》，《探索与争鸣》2016年第1期。

张慧君：《赣南苏区产业扶贫的"新结构经济学"思考》，《经济研究参考》2013年第33期。

张磊：《国家治理现代化的马克思主义理论渊源》，《辽宁大学学报》（哲学社会科学版）2016年第5期。

张丽君、董益铭、韩石：《西部民族地区空间贫困陷阱分析》，《民族研究》2015年第1期。

张琦：《减贫战略方向与新型扶贫治理体系建构》，《改革》2016年第8期。

张晒：《国家自主性与再分配能力：转型中国分配正义的一个解释框架》，《华中科技大学学报》2014年第2期。

张世定：《文化扶贫：贫困文化视阈下扶贫开发的新审思》，《中华文化论坛》2016年第1期。

张大维：《生计资本视角下连片特困区的现状与治理——以集中连片特困地区武陵山区为对象》，《华中师范大学学报》（人文社会科学版）2011年第4期。

张文显：《法治与国家治理现代化》，《中国法学》2014年第4期。

张雪梅：《马克思"国家-社会"关系理论及其对我国国家治理现代化的启示》，《理论导刊》2016年第9期。

张雨、张新文：《扶贫中的不精准问题及其治理——基于豫南Y乡的调查》，《湖南农业大学学报》（社会科学版）2017年第5期。

张兆曙、王建：《城乡关系、空间差序与农户增收——基于中国综合社会调查的数据分析》，《社会学研究》2017年第4期。

张自强、伍国勇、徐平：《民族地区农户贫困的逻辑再塑：贫困恶性循环的视角》,《贵州民族研究》2017 年第 1 期。

赵春盛、崔运武:《当前中国社会问题的政策生成及其反思》,《上海行政学院学报》2014 年第 5 期。

赵建华:《精准治理:中国场景下的政府治理范式转换》,《改革与开放》2017 年第 11 期。

赵曦、成卓:《中国农村反贫困治理的制度安排》,《贵州社会科学》2008 年第 9 期。

郑瑞强:《精准扶贫政策的理论预设、逻辑推理与推进机制优化》,《宁夏社会科学》2016 年第 4 期。

郑震:《空间:一个社会学的概念》,《社会学研究》2010 年第 5 期。

郑震:《列斐伏尔日常生活批判理论的社会学意义——迈向一种日常生活的社会学》,《社会学研究》2011 年第 3 期。

周冬梅:《中国贫困治理三十年:价值、行动与困境——基于政策文本的分析》,《青海社会科学》2017 年第 6 期。

周建伟、陈金龙:《为什么"严重的问题是教育农民"?——毛泽东农民理论的一个解读》,《现代哲学》2008 年第 1 期。

周进萍:《社会治理中公众参与的意愿、能力与路径探析》,《中共南京市委党校学报》2014 年第 5 期。

周伟、黄祥芳:《武陵山片区经济贫困调查与扶贫研究》,《贵州社会科学》2013 年第 3 期。

周德新:《乡土文化开发利用中的传统性与现代性悖论及其克服》,《理论导刊》2011 年第 9 期。

周雪光:《运动型治理机制:中国国家治理的制度逻辑再思考》,《开放时代》2012 年第 9 期。

周怡:《贫困研究:结构解释与文化解释的对垒》,《社会学研究》2002 年第 3 期。

周忠学、仇立慧:《山区贫困文化的形成机理及反贫对策》,《干旱区资源与环境》2004年第4期。

朱炳祥:《"农村市场与社会结构"再认识——以摩哈苴彝族村与周城白族村为例对施坚雅理论的检验》,《民族研究》2012年第3期。

朱静辉:《当代中国家庭代际伦理危机与价值重构》,《中州学刊》2013年第12期。

朱天义、高莉娟:《精准扶贫中乡村治理精英对国家与社会的衔接研究——江西省XS县的实践分析》,《社会主义研究》2016年第5期。

朱战辉:《半工半耕:农民家计模式视角下连片特困地区农户贫困状况及治理》,《云南行政学院学报》2017年第3期。

Harvey D. , "The Geopolitics of Capitalism," in D. Gregory and Jurry (eds.), *Social Relations and Spatial Structures* (London: Macmillan, 1985), pp. 128 – 163.

后　记

本书是在我的博士后研究报告基础上修订而成的。

博士毕业后不久，我就到华中科技大学中国乡村治理研究中心跟随贺雪峰教授做博士后。以贺雪峰老师为核心的"华中乡土派"，在学术训练上，有个很厉害的武器，就是做好"两经"训练，即经典与经验训练，硕士研究生以阅读经典著作为要，博士研究生开始以经验调查为主，两个阶段前后相续，不断提升研究能力。我在中心做博士后，自然进入经验调查阶段。在博士后研究工作期间，我主要从事乡村治理与贫困治理研究，经验训练的方式贯穿博士后阶段，前期与"华中乡土派"师生一起到河南修武、上海崇明、浙江诸暨、陕西眉县、贵州望谟、湖北秭归、湖北黄陂、云南武定、贵州遵义等地调查。在 100 多天的调查中，积累了较为丰富的经验，奠定了较为扎实的学术研究基础，从整体上提升了自己的学术研究能力。

在持续的经验调查中，我发现乡村治理与精准扶贫存在深刻的互嵌性，2016 年和 2017 年，乡村治理的核心任务仍是做好精准扶贫，乡村的绝大部分工作都统筹到精准扶贫中了。精准扶贫需要借助乡村治理的体制机制来落实推进，乡村治理也需要借助精准扶贫实现体制机制创新，两者互相推动，共同进退。一般而言，治理体系完善、治理能力较强的乡村，精准扶贫工作也做得比较好；反之亦然。在精准扶贫全面而深度开展之时，恰是国家提出推进治理体系和治理能力现代化的重要时期，而乡村治理现代化是国家治理现代化的重要内容，因此精准扶贫也被纳入乡村治理现代化的进程之中。精准扶贫的体制机制创新具有推动乡村治理现代化的时代任务。那么，以精准扶贫为考察对象，分析国家向现代治理转型就成为可靠的学术行动。

在调查中，我发现国家治理现代化的内涵极为丰富，可以从中专注探讨国家政权建设，国家与市场、社会的关系。

学界关于国家政权建设的研究较多，并已经形成了较为一致的认识：自 19 世纪中叶鸦片战争以来的 100 多年时间内，国家政权逐渐向乡村渗透。但是直到新中国成立后，才得以最终完成，国家与社会达到了一体化程度，形成了总体性社会。改革开放以后，国家开始后撤至乡镇一级，进入"乡政村治"阶段，国家与社会的分层互动呈现"差序治理"结构。在这种结构中，国家最低一级政府——乡镇政府出现了"悬浮化"的现象。依靠"悬浮化"的乡镇政府来完成精准扶贫的历史性任务是有困难的。"悬浮化"的乡镇政府本身需要现代化。也就是说，精准扶贫中需要开展新的地方政府建设，依靠这种建设才可以完成精准扶贫任务，进而加强国家向社会渗透的能力，提高国家的基础性能力。事实上，精准扶贫的体制机制创新也就是这个逻辑。

在中国特色社会主义市场经济的话语中，国家要进行必要的宏观调控，市场在资源配置过程中应起决定性作用。改革开放以后，我国不断从计划经济向市场经济转型，市场在资源配置中确实起到越来越重要的作用。但是市场配置具有盲目性，贫困地区和贫困人群的资源禀赋较差，是市场配置中被自然淘汰的对象。正因如此，才需要对贫困地区和贫困人群进行精准帮扶。帮扶最终目标是提高他们的经济收入，其中关键在于产业帮扶。但是当前全国已经形成了统一的商品市场和劳动力市场，在资源条件处于劣势的贫困地区搞好产业扶贫，实在是一件不容易的事情。从调查来看，产业扶贫是一件具有温度与情怀的事业，国家在其中加强了宏观调控，选择性地向贫困地区和贫困人群投入了大量资源。但是这在一定程度上挤占了市场配置的空间，在具体实践中，往往遭遇市场的冷漠。由此看来，完全依靠产业扶贫来解决贫困农民的前途问题，本身就存在一定的问题。

贫困地区多集中在西部山区，与东中部地区的村庄相比，这些地区的村庄保持着更多的传统特性。在云南、贵州调查时我发现，一个自然村往往通过血缘、姻缘关系建构起一个"亲属社会"。在这种社会内部存在完整的经济体系、陈旧的人情规则和老套的权力结构等。这些传统的地方性知识在总体上形成了一种贫困文化，对其融入全国性现代市场与形成现代文化产生了较强的制约作用。在精准扶贫中，国家不得不重新整合这种村庄社会。国家组织年轻人外出务工，但是他们常常半年务工半年在村，他们常常从遥远的务工地赶回村庄，仅为了在亲朋好友的红白喜事中出场。他们打三天工，需要休息两天。有些村民并不觉得自己的生活有多么贫困，反而觉得自己的生活很幸福。国家如何切入这样的村庄社会呢？最恰当的是通过经济与文化来濡化村民，在精准扶贫中采取比较激进的方法，会产生比较大的阻力。

在贫困地区，村民刚刚开始从传统生活向现代生活靠近，现代观念还很薄弱，与此相适应的现代治理观念也比较淡薄，治理技术也用得较少。而国家治理现代化的最终完成就是要看这些地区的治理现代化的程度。所以以精准扶贫为研究对象来研究国家治理现代化问题，具有特别的意义。

本书得以完成，首先要感谢我的博士后合作导师贺雪峰教授！贺老师是长江学者，是"三农"问题研究领域的知名专家。他身上具有很强的学术与人格魅力！他很早就立有研究中国大事和世界大事的志向，几十年来，一直纯粹地从事学术研究，以乡村为载体研究整个中国，为建构有主体性的中国社会科学宁愿献出自己所有的物质与才智，而今终成大师级学者。跟随他，耳濡目染，我既学到了从事学术研究的真谛，又养成了为家国的未来而顶天立地的责任担当精神。

也要感谢以贺雪峰教授为核心的"华中乡土派"的各位同人，在我从事博士后研究工作期间，他们与我一同调查、讨论与写作，给我很大的帮助。

感谢湖北省社会科学基金对本书出版的资助。

感谢社会科学文献出版社的任晓霞编辑！她为本书的出版倾注了辛勤的劳动与大量的心血。

还要感谢同为大学教师的妻子和已经在北大读书的女儿，她们给予我大量的鼓励与关爱！写作此书时，正值女儿高三。我一边与妻子照料她的生活，一边写作，感觉是在与她一起奋斗。

最后，特别感谢我的母亲！在我撰写此书的中途，母亲突然离世。我至今都不愿意相信这个事实，常常感觉母亲依旧生活在这个世界，依旧在遥远的故乡默默地支持着我，依旧在老家盼望着我归来……我的母亲是一位平凡的中国农村妇女，但她具备朴实、仁爱、包容、忍耐、勤劳、奉献等品质。母亲永远都是我前行的动力。想起我的母亲，总是热泪盈眶！

贺海波　2021 年 1 月 28 日于三鉴池畔

图书在版编目（CIP）数据

迈向现代治理的中国：以精准扶贫为例／贺海波著
. -- 北京：社会科学文献出版社，2021.3
ISBN 978 - 7 - 5201 - 7973 - 7

Ⅰ.①迈…　Ⅱ.①贺…　Ⅲ.①扶贫 - 研究报告 - 中国
Ⅳ.①F126

中国版本图书馆 CIP 数据核字（2021）第 029603 号

迈向现代治理的中国
——以精准扶贫为例

著　　者／贺海波

出 版 人／王利民
责任编辑／任晓霞
文稿编辑／张真真

出　　版／社会科学文献出版社·群学出版分社（010）59366453
　　　　　地址：北京市北三环中路甲 29 号院华龙大厦　邮编：100029
　　　　　网址：www.ssap.com.cn
发　　行／市场营销中心（010）59367081　59367083
印　　装／三河市尚艺印装有限公司

规　　格／开本：787mm × 1092mm　1/16
　　　　　印张：14.75　字数：180 千字
版　　次／2021 年 3 月第 1 版　2021 年 3 月第 1 次印刷
书　　号／ISBN 978 - 7 - 5201 - 7973 - 7
定　　价／99.00 元

本书如有印装质量问题，请与读者服务中心（010 - 59367028）联系